キリストの理解

ヘブライ語聖書から読み解く

山口勇人
Hayato Yamaguchi

イザラ書房

私を産んでくださった母へ
私を慈しんでくださった父へ
ほんとうにありがとう

『キリストの理解』に寄せて

山口勇人氏のキリストに関する認識は、様々な二次的文献や書物を通してキリストを理解していくのではなく、直接キリストが生きた国で生活し、キリストが話した言葉でもう一度原点に帰って理解しようとすることで培われています。しかも、それを学問としてだけではなく、ほかに職業を持ちながら、子供を育てながら、自分自身の生きることを通して、理解しようと試みられています。

山口氏のキリストの理解と同じようなスタンスを、ルドルフ・シュタイナーが自分の思想のベースとした〈ゲーテ的認識論〉に感じます。〈ゲーテ的認識論〉とは、私たちの身の周りの世界をより良く知ることで、自分の内面を認識していくことだと私は理解しています。そのためには、思い込みを取り去り、研ぎ澄まされた目を持って、より正確に周りの世界を認識していくこと、たくさんのことを直接目の前の世界から感じ取っていくことだと思っています。そして、何らかの芸術的な表現行為を通してさらに深められていきます。

そのことは、ラウムという表現の場を得て『キリストの理解』という一つの形になりました。

シュタイナーの思想を何らかの形にすることでより理解が深まっていく、という考えのもとにペロルおよびラウムが生まれました。その場からこのような本が誕生する運びになったことは大変うれしいことです。

この本を通して、少しでも多くの方が、自分の生き方に光を見出されますように。

2008年5月吉日

井手芳弘（シュタイナー教育実践家）

「講座　キリストの理解」

ヘブライ語聖書を使って、キリストの理解のよすがとします。
この本を読まれる方ひとりひとりの霊性に、新しい理解が与えられると幸いです。

目次

【はじめに】ヘブライ語でキリストを理解するということ

福岡市の室見川《むろみがわ》という大きな川の近くに、シュタイナー教育を中心とした集いの場ラウムがあります。（次頁の写真）そこで毎月一度、「キリストの理解」と題する講座がもたれています。講座といっても、集まる人たちひとりずつがとても個性的で、自己紹介だけで三〇分すぎてしまうこともあります。そんな語りあい、学びあいの場で、ヘブライ語聖書をもとにキリスト教の古い層をたどって学習した記録が、本書です。

講座では「ひとりずつの霊性に、新しい理解が与えられますように」と、毎回のレジュメに銘記してきました。キリスト教の布教が目的なのではなく、ヘブライ語聖書をたずねて、キリストと私たちをめぐる様々なことがらを学びます。如来や般若心経の話が出てきますが、それらもキリストの理解にとっては外せないものです。

日本人の多くは、神道や仏教や無神論・無宗教の世界に生きていると感じています。「なんとなく神社に行くが、信心があるかと言われると、ちょっとわからない」というところでしょうか。しかし海外から見れば、これほど宗教的な国民はめずらしいと言えます。十五年前に私がボストンでキリスト教神学を学んでいたとき、さまざまな日本の宗教研究が行なわれていたことに驚きました。天理教の宗教都市・天理市研究や、創価学会の世界布教と日蓮正宗、初詣での人々の大移動など、言われてみれば多くのテーマ

ラウム内の様子

ラウムにて講義中の筆者

水絵の教室風景　右が井手芳弘、奥のピアノ前が豊田康子

があります。ひとつずつが、日本の外から見ればとても不思議な現象です。でも、キリスト教的な信仰や信心という言葉で自分たちの宗教を捉えようとすると、私たちの生き方は「宗教的ではない」とか「何も信じてない」というイメージになります。

一方で、スピリチュアリティという語を使うと、「関心がある」とか「テレビで見た」といった近い世界への共感が出てきます。他にはガイア、天使、ホリスティック、終末といった語彙《ごい》で、自分の内面と宇宙とのつながりを捉える道もあります。キリスト教のさまざまなモチーフが、そこに使われていたりもします。「宗教は嫌いだけれども、スピリチュアルなことには興味がある」といったところでしょうか。

この講座は、そんな日本人としての自分を理解する鍵のひとつとして、キリストの理解を深めようというものでもあります。聖書やキリスト教にまつわる本は、日本では数多く出版され、生き方の指針のように読まれることがあります。中にはメシアの予言を曲解したものや、根拠のないユダヤ人の陰謀説などもあり、誤解や意味不明なことがらをそのまま鵜呑みにした本が多いのも現実です。こうした本を参考にして、スピリチュアリティといった聞こえのいい言葉で、天使やマリア像を乱用して、歪められたキリスト理解を述べてしまうのは、悲しいことだと思います。誤解の多いキリスト教ですが、原典から学び、自分の今の生活と結びつくテーマから観ると、誤解がとけていろいろなことが腑に落ちることが多いのではないでしょうか。

まずは基本的なことをおさえましょう。キリスト教の聖書には「旧約・新約」のふたつがあります。この「約」というのは翻訳ではなくて、神との契約を指しています。つまり「旧い契約と新しい契約」です。この違いについては第1回のメシア待望と新しい契約で詳しく学びましょう。大事なことは、キリスト教では「新しい契約」はイエス・キリストそのものだということです。◆1

1……旧約聖書と私たちが呼ぶ書物は、原本のほとんどが聖書ヘブライ語で書かれています。しかしイエス自身は「旧い契約」と思っていませんでした。その世界をリアルに生きていたからです。現在でもユダヤ教から見れば、生きた契約の書であって、旧い契約ではありません。

ヘブライ語聖書とは、一般的にはタナクと呼ばれるユダヤ教の聖書を指します。キリスト教では、このタナクをイエスという新しい契約の物語にしたがって並べ替え、旧い契約の書と呼んできました。神の計画は、イエスをこの世の救い主として人々にあたえることであり、その計画をよく知ることができるよう聖書も配置し直されるべきだ、という考え方です。だから今日のユダヤ教のタナクと、キリスト教の旧約聖書は、話の順番が違います。この本では、タナクにしたがってキリスト教を理解します。

キリスト教は、ユダヤ人の宗教運動の一つとして西暦三〇年ごろ生まれました。（コラム「西暦で世界を測る」参照）イエーシュというユダヤ人をメシア（ギリシア語ではクリストス）として崇敬し、病気なおしをする一団が、後のキリスト教会へと発展したという定説です。このイエーシュすなわちイエスを、それまでの神との旧い契約を更新した「新しい契約の成就」と見ることが、「新約」なのです。

もうひとつ基本的なことに、選民思想があります。ユダヤ教では神とその民イスラエルとの契約関係が重んじられ、「イスラエルだけが選ばれた正義の民である」という思想が中核にあります。いわゆる選民思想です。それはユダヤ人の大多数に今も強く受け継がれています。（コラム「ユダヤ人」参照）なぜなら唯一の神がイスラエルだけを自分の民として選んだ、と聖書に繰り返し書かれているからです。この強烈な選民思想こそが旧約聖書の中核であり、わたしたち日本人から見るとかなり異質な世界観です。イエスはこの世界観の中に生きていました。◆2

2…イスラエルとユダヤの区別をしておきましょう。イスラエルは、現在の国名になっています。イスラエルとは、旧約聖書（創世記三二章二八節）の中で、神が伝説の祖先ヤコブをイスラエルと呼んだことから来ています。ヤコブから十二人の男の子が生まれ、イスラエル十二部族ができました。歴史家の中には、この聖書の記述を政治的に解釈する人々がいます。つまり地域的な小部族群の結束を強めるために、ヤコブ（イスラエル）という伝説の祖先を中心にして十二部族伝承が編纂された、という説です。それが意図的・政治的な編纂だったのか、それとも物語として伝えられていたのか、事実は今となってはわかりません。十二部族のひとつユダ族（ヘブライ語ではイェフダー）からダビデが生まれ、さまざまな抗争に勝ち、紀元前一〇〇〇年頃にエルサレムをイスラエル王国の都としました。ユダヤ人の物語は今日でも、この英雄ダビデに深く根ざしています。聖書ヘブライ語とその文字は、この時代に確立したものです。それ以前の部族伝承が、王国の記録として歴史になったのです。日本書紀と似た成立過程です。

やがてダビデの王国が南北に分裂し、ユダ族は紀元前五八七年まで長く南の王国を保ちました。この南の王国で、正統な王位継承者としてのユダ族ダビデの家系が歴史書に記録されました。ダビデ王の伝説的な威光は、このユダの王統において確立されたのです。ユダ族はイスラエル全体の呼称となり、イスラエルをエウダイオイ（ギリシア語で「ユダ人」）と呼ぶ言葉づかいが成立しました。だからユダヤは、一部族の名前が、外から見た国民を表す語になったものです。ただ、ユダヤ人という概念の変遷はさらに複雑なので、ここでは割愛します。今日ではユダヤ人が自称するときは、祈りの言葉ではイスラエル、英語ではジュー（ユダヤ人）、現代ヘブライ語ではイスラエリーというのが一般的です。

日本人がアイムジャパニーズと自称したり、ローカルな地名の大和（ヤマト）を日本の別名のように使うとき、その背景にはさまざまな歴史が堆積しています。ユダヤ人の歴史と同様に興味深いものがあります。

ヘブライ語聖書をたずねることは、キリストの理解にとって非常に重要な意味があります。イエスはヘブライ語を使っていたからです。イエスの時代には、私たちが旧約と呼ぶ部分の聖書はほぼ完成していて、羊の皮の巻きものにヘブライ語で書かれていました。イエスとその弟子たちが生きていた世界は、ヘブライ語とアラム語の宗教世界だったのです。◆3

3…アラム語とは、紀元前五〇〇年頃から後六〇〇年頃に、シリア地方とメソポタミア地方で使われた国際共通語です。ペルシア帝国の公用語だった言語です。エジプトからメソポタミアに通じる幹線道路の都市を支配していたアラム人の言葉です。イエスの時代にはヘブライ語は祈り・掟・教えの言葉として生きていましたが、アラム語方言がユダヤ人の生活の口語になっていました。例えばイエスはヘブライ語ではヨシュアですが、アラム語ではイエーシュで、後者の音がギリシア語のイエススとして残ったのです。つまり宗教的・民族的な言葉としてのヘブライ語と、生活・商売の言葉としてのアラム語方言が共にユダヤ人に流通していたのです。このような言語のあり方は、今日でも世界各地で見られます。現在のヘブライ語聖書は、紀元前一〇〇〇年ごろのヘブライ語を基礎に編纂されたものですが、時代が下って確定した表記は、アラム語の影響を受けたアラム・ヘブライ語とでも呼ぶべき文字になっています。旧約聖書の一部や、ユダヤ教のタルムードの一部（ゲマラー）は、アラム語方言で書かれています。

彼らの足跡はやがてギリシア語で記録され、それが後の時代に編纂されたときに新約聖書と呼ばれるようになりました。だから私たちが今日使っている新約聖書は、ギリシア語が原本です。

ここで注意してほしいのは、イエスの語録はもともとヘブライ語とアラム語だったという事実です。ギリシア語で記録・翻訳されたものしか残らなかったため、イエスの生活世界から離れてしまい、意味不明なところが多くなりました。たとえばインマヌエル（英語ではエマニュエル）というイエスの呼び名は、ヘブライ語では「神がわたしたちと共にいる」という意味で、ユダヤ人にとってはメシアの預言を思い起こさせ、非常に明解です。つまりリアルな語だったのです。しかしギリシア語やラテン語へと翻訳されていくうちに意味は失われ、元の音に似た翻訳語と、表面的な語句の説明だけが伝えられていきました。インマヌエルというヘブライ語から、メシアの預言という背景が切り離されてしまったのです。

仏教の「菩薩」も、元の意味が失われてありがたい名前として崇拝されていますが、もともとはサンスクリットでボディーサットバ（Boddhi Sattva）です。これは人々と共に悟り（を求める者）といった意味です。漢民族に伝えられたとき、漢の字で音を表して菩提薩捶となり、それがやがて縮められて菩薩になりました。原語での「人々と共に」という尊い姿のリアルさが失われています。原典にあたることで、ただありがたいという盲信から、理解をともなった次の段階へと一歩進めれば幸いです。

わたしたち現代の日本人は、結婚式やクリスマスから西暦、時間観念まで、何らかのかたちでキリスト教文化と関わって暮らしています。その言葉の意味を原典から知り、

キリストを詳しく理解することで、この講座がみなさんの考える道程に添えるならば、
とても嬉しいです。

ユダヤ人と嘆きの壁（筆者は右の白い服の男性）

コラム

「ユダヤ人とは誰か」

ユダヤ人とひとくちに言っても、父祖から受け継いだ聖書を字句通りに生きようとするグループや、逆に聖書を生き方の指針ていどに扱う人々まで、さまざまです。エルサレムで私が住んでいた地域は、前者のグループの町で、人々は聖書の掟の字句に合わせて生活していました。安息日という金曜の日没から始まる一日には、掟によって車のエンジンをスタートできないので、日没寸前にエンジンをかけるという奇妙な人々です。ちょうど私のアパートの前が、世俗的なユダヤ人と宗教的なユダヤ人の境目だったので、よく問題が起きていました。安息日に入る日没の寸前に、宗教的なユダヤ人の側で道路にバリケードを立てるので、それを知らない人たちの車が夜に衝突し、大きな音がよく鳴り響いていました。またヘブライ大学で知り合ったユダヤ人の中には、「自分はイスラエル国民として兵役に就くし、聖書の祈りは真実だと思うが、聖書の字句どおりには生きられない」という人がいました。イスラエルという現代国家の問題が、こういう人の生活に直結しています。聖書に書かれた約束の土地、その希望によって建国されたイスラエルですが、聖書の掟をどうするのかという現代の悩みの中にユダヤ人が生きているのです。さらに、日本人女性と結婚してサンフランシスコに住み、聖書の教えを全く無視した人もいました。こういう人たちも、子供に名前を付けたりするときは伝統を重んじ、ユダヤ人の慣習を無視できないようです。

どの人も聖書の語句をそらんじることはできて、あとはその語句を自分の生き方のどこに置くのかが違っていました。「神がイスラエルを選んだ」という語句を、真実として伝えていくのか、それとも自分につながる古代の資料としていったん突き放すのか。このように、ユダヤ人と呼ばれる人々を単純に定義することには、とても無理があります。

【第1回】インマヌエル、新しい契約の成就

1◆イエス・キリストの語源

私たちが普通に使っている「イエス・キリスト」という語彙《ごい》は、イエスの死後長い歴史を経て、語源とはかなり異なった使われ方をしています。イエスはヘブライ語の変型ですし、キリストはギリシア語の変型です。つまりふたつの言語のミックスから始まり、ラテン語への翻訳でさらに変型され、紆余曲折があって日本語のイエス・キリストになっているのです。まずは語源から学びましょう。

ヘブライ語◆ヨシュア　マシーアッハ

ישוע משיח（ここから）

ヘブライ語は右から左へと進むので、語順に注意して下さい。「イエス」の語源は、ヘブライ語のイエホシュアまたはヨシュアで、「主は救い」という意味です。ヨシュアは一般的な名前で、現在もユダヤ人の間でよく見られます。ユダヤ教ではイエスを救世

主とは見ていないので、ヨシュアは畏れ多い名前ではありません。むしろ聖書に出てくる英雄として、誉れ高い名前です。ユダヤ人の名前には意味があります。最初の人間は土（アダマー）から生まれたのでアダムという名前です。ヘブライ語聖書では、神がアダムに向かって「お前はアダマーから生まれたのだからアダマーに帰る」と言います。とても明解です。◆4

4…アダムとイブの話は、多くの日本人によく知られています。神は最初にアダマー（土）から男を造り、その後で女を男の骨から造ったといいます。「だからユダヤ教は男中心だ」という解釈は、じつは正しくありません。このお話は、ちょっと読み方を変えると女性が先行して在ったことの証拠にもなり得るのです。アダムはアダマー（土）からできました。アダマーは女性形です。この女性の語彙から物語が紡がれ、アダムという名の男ができあがった、と考えられませんか？　意識的に作られた物語では男が先に造られたのですが、その内奥は女の土から出てきた人間です。ヘブライ語から読むとこんなふうに解釈することが可能です。実際には考古学と言語学の成果を待たねば、こんな証拠のない解釈はいけないのですが、ヘブライ語で聖書を読むことの面白さを紹介したいため、あえて述べました。

またヤコブという伝説の父祖の名は、「（かかとを）掴《つか》む」といった意味です。これはヤコブが生まれて来るときに、兄エサウのかかとを掴んだからですが、成人して兄エサウから相続権を奪った物語の前触れになっています。このように、名前を見れば聖書の物語が連想されるようになっていたりします。ユダヤ人の名付けには、親の希望や聖書の物語という背景があり、西欧諸語のように音の響きや家系から決まるものではありません。日本人の名付けもよく似ていて、「雄大くん」などは、字の意味から親の希望が見えてきますね。

マシーアッハは、ヘブライ語ではもともと特別な救世主を指すことばではなく、マシャック＝「油を注ぐ」の変化型です。「油注がれた祭司」といった語形でヘブライ語聖書に出てきます。オリーブオイルを身体に塗ることで、日常生活から離れた時間・空間に入るという感覚です。その文脈には、イスラエルの宗教儀式の非常に細かい規則が延々と述べられています。神が油を注いだ者には、祭儀を一点の滞りもなく行う勤めがあるからです。つまりマシャック（油を注ぐ）の変化型は、祭儀の細則と深く関係していました。ユダヤ人の困難な歴史を経て、やがてマシーアッハ（油注がれた者）に「選ばれた民を救い出す者、救民者」という特別な意味付けがなされました。このマシーアッハの意味の変遷は、ユダヤ教に終末思想が生まれてくる歴史と関係していて、キリスト教が生まれる背景なので、第2回で詳しく学びましょう。

イエスが生きていた時代には、アラム語がユダヤ人社会に流通していたので、聖書のヨシュアは一般的には「イエーシュ」と発音されていました。つまり本名はヘブライ語のヨシュア、呼び名はアラム語のイエーシュです。このイエーシュに右記のマシーアッハという語をつけると、イエス・キリストの語源、イエーシュ・マシーアッハです。

英語のTheにあたるハが付いて、ハ・マシーアッハと言えば、「あのメシア（救民者）」という意味になります。英語のThe Messiahです。だから「イエーシュ・ハマシーアッハ」と言えば、単語としての「救民者ヨシュア」という意味になります。さらにヘブライ語の構文では「ヨシュアは救民者である」という文章とも受け取れます。これを字句どおりに直訳すると、「主は救い・油注がれた者」となります。つまりイエス・キリストという名前には、「イスラエルを救う聖別された者への待望」が込められているのです。◆[5]

5…この名前ができすぎているために、イエスそのものが作り話ではないかという説まで生まれました。つまりアブラハム（ラハムの父、転じて「多くの民の父」）という名のように、物語の主題としてあらかじめ伝承されていた名ではないか、という疑いです。真偽は闇の中です。

初期のイエスの弟子たちは、一種の符牒として「ヨシュア（イエーシュ）・ハマシーアッハ」という定形句を使っていたとも考えられます。

そのギリシア語訳（音訳）がイエススとなり、下記のイエスス・クリストスとして世界に広まって行きました。

ギリシア語●イエスス　クリストス

ここから Ιησους Χριστος

「キリスト」の語源は、ギリシア語のクリストス（油塗られた者）です。クリストスという語は、すでに一世紀にはヘブライ語のマシーアッハ（油注がれた者）の訳語として、ギリシア語を話すユダヤ人の間で用いられていました。パウロのような初期のイエスの弟子たちにも訳語としてすんなり採用されました。この「油を体に着けることイコール聖別」という観念は、イエスの時代のギリシア・ローマ世界に流通していました。起源は古代オリエントの聖婚に求められるようですが、定説と言い切るのは難しいです。これがギリシア語での「クリストス教」の始まりとなり、およそ一八〇〇年後に日本語のキリストになったのです。

日本語の「イエス・キリスト」という語は、幕末・明治時代に、英米系（プロテスタント）宣教師たちによって広められました。英語のジーザス・クライストから、どう訳すかという激しい議論がありました。隣国の清（現在の中国）ではイエスという発音がすでに使われていて、しかもカトリックのイエズスという表記とは同じにできないという政治的事情もあり、ジーザスがイエスと訳された経緯があります。◆6

6…プロテスタントは反抗者という意味です。十六世紀に現在のドイツ・オランダ・スイスから興ったキリスト教会の改革運動の中には、ローマ教会の権威に反抗した人々がいました。ローマ側から見れば反抗者なので、「プロテスタント」は彼らへの蔑称でした。それまでの西欧の教会は、ラテン語聖書のみを聖典とする、ローマ教会中心の連合体でした。政治の世界との結びつきが深く、倫理的な腐敗がしばしば問題とされました。日本での比叡山の歴史と似たところがあります。教会内部からの刷新運動はそれまでも多くあったのですが、ルターやカルヴァンのように既成の教会制度そのものに改革を唱える人たちが多くなり、その運動が政治抗争に結びついたとき、ローマ教会の側が彼らをプロテスタント「抵抗者」と呼んだのです。五〇〇年近くを経た現在、蔑称ではなくなり、さまざまな宗派の総称のように用いられています。

プロテスタントの起源について。十五世紀の終わりごろから、ヘブライ語・ギリシア語聖書の学びを基盤とした信仰復興運動が起こりました。俗信やラテン語重視の伝統に対し、イエスの原点に立ち返って学ぶことから再出発し、自らの霊性の指針としたのです。このころに使われたテキストのイミタチオ・クリスチ（邦訳は「キリストにならいて」）は、現在も修行に用いられるようです。この運動が修道院設立に向かったものの代表にイエズス会があります。会の名前のとおり、イエスの一生を自分に重ねる修行僧の集まりです。また信仰復興運動が教会の制度改革に向かったものの代表にルターがいます。しだいに政治運動に利用され、ローマカトリックとの四五〇年にわたる闘いになったのです。現在のローマ教皇を中心とするカトリックの強固な体制は、この抗争の過程で形作られたものであり、十六世紀の時点では西欧の教会を統率するような組織ではなかったという史実は注意しておきたいところです。

アジアにおける聖書翻訳の記録は、私が学んだAndover Newton Theological Schoolに数多く残されていて、明治初期の新しい概念の翻訳や造語の歴史がわかって興味深いものがあります。イエスやジーザスは、ヨシュアから比べると、原形がわからないほどの大きな変化ですね。ちなみに日本のカトリックでは一九九〇年代までイエズス・キリストが一般的でしたが、最新の新共同訳聖書の流通にともなって「イエス・キリスト」に統一されつつあります。

2◆メシア待望と新しい契約

私がエルサレムに生活していたころ、街角に大きな選挙ポスターのようなものがたくさん貼ってありました。ある老人の顔写真で、大きく「マシーアッハだ！」と書かれていました。その老人をメシアだと信じる一団がエルサレムにあって、自分たちの宣伝をしていたのです。ユダヤ教では、まだイスラエルを救うメシアは現れていないので、当然「新約」という概念はありません。まだ成就していない契約なのです。ではメシアの預言はヘブライ語聖書にどのように書かれているのでしょうか。もっとも重要な二ヶ所を読みましょう。

ヘブライ語◆イザヤ書七章十四節

だからわが主があなたたちに自らしるしを与える。見よ、そのおとめがみごもった。やがて男の子を産んだ。その名の呼び方はインマヌエル（神がわたしたちと共にいる）である。

(ここから) לָכֵן יִתֵּן אֲדֹנָי הוּא לָכֶם אוֹת הִנֵּה הָעַלְמָה
הָרָה וְיֹלֶדֶת בֵּן וְקָרָאת שְׁמוֹ עִמָּנוּ אֵל

右の日本語は、教会で今日使われている聖書とは異なる和訳で、聖書ヘブライ語の時間感覚（預言の成就）をふまえた私訳です[7]。

7…この時制と時間観念については、第7回で詳しく説明します。メシアについて理解するためには、とても重要な感覚です。未来においてすでに起きたこと、という感覚です。文法的には仮定法過去に近く、「もし明日雨が降ったら」というように過去形「降った」を未来の仮定に使うのに似てます。現代日本語にすると「明日すでに雨が降ったから」という意識です。ただし聖書ヘブライ語の場合は、この仮定が確実なこととして意識されて、完了形（すでに成った）か未完了形（まだ成ってない）かで区別します。メシアの到来は、預言の中ではすでに約束された未来なのです。

8…預言に出てくる「主」（しゅ）とは、ユダヤ教とキリスト教の神のことです。ヘブライ語では神の名はヤハウェとかイェホバといった発音だったと考えられていますが、そうヘブライ語で書いても、必ずアドナイ（わが主人）と読み替えます。「神の名を発音すると危険だ」という、古くからの戒めによります。ユダヤ教で最も大事な十の戒めの、二番目にあります。日本語の聖書もこの戒めに従い、ヤハウェと書かず、主と表記します。イザヤ七書章十四節のヘブライ語は、ヤハウェと表記せずにはじめからアドナイ「わが主人」を発音のまま書いています。つまり神の名の読み替えをしなくてよい形です。めずらしい書き方ですが、その理由については今となってはわかりません。この預言がとても重要なだけにさまざまな憶測がありますが、根拠の無い仮説に惑わされないよう注意してください。
　ちなみに現代ヘブライ語でも、アドナイは「私の主人」という意味ですし、「お客さん」はモアドンと言います。

「主」とは、ユダヤ教とキリスト教の神のことで、ヘブライ語のアドナイの訳語です。◆8 現代ヘブライ語でもアドナイは「私のご主人」という意味です。預言者イザヤが発したとされる右の預言は、イスラエル王国の滅亡がせまっているという危機感を背景にしたものです。王国の衰退を目の前にして、イザヤに託されたのは、「神はわれらイスラエルと共にいる。ダビデの家系から男の子を与えてくださり、あの王の栄光を与えてくださる」という預言です。ここには「全人類の罪からの救世主」というキリスト教のメシアのイメージは全く見られず、むしろ強い王の到来、イスラエルの再興を託された男の子、というイメージです。また、マシーアッハ（メシア）という語はここには見られません。マシーアッハ（油塗られた者＝聖別された者）とは無関係な、王国の栄光と男の子の誕生が述べられているだけなのです。その後のユダヤ人の歴史を経て、やがてこの預言がマシーアッハと結び付けられました。このプロセスは次回学びますが、ひとつ覚えていてほしいのは、インマヌエル「神が私たちと共にいる」というヘブライ語の意味です。キリスト教では、このインマヌエルが左記のエレミヤ書の「新しい契約」と結び付けられて、イエス＝約束の男の子＝古い律法を更新する者＝救世主とされました。それぞれ別個の背景を持つ語彙《ごい》なのですが、イエスの弟子たちが、彼の死後この預言を解釈し、「約束の男の子はあのイエスであった」と広めていったのです。

ヘブライ語◆エレミヤ書三一章三一節と三三節b

見よ、日々がやってくる、と主が言われる。私はイスラエルの家とユダの家に新しい契約を切り結ぶ。…私は（かつて）わが律法を彼らの中に与えた。（いまは）彼らの心にわが律法を書こう。私は彼らにとって神となり、彼らはわが民となるのだ。

הִנֵּה יָמִים בָּאִים נְאֻם יְהוָה וְכָרַתִּי אֶת־בֵּית יִשְׂרָאֵל וְאֶת־בֵּית יְהוּדָה

בְּרִית חֲדָשָׁה׃ נָתַתִּי אֶת־תּוֹרָתִי בְּקִרְבָּם וְעַל־לִבָּם אֶכְתֲּבֶנָּה

וְהָיִיתִי לָהֶם לֵאלֹהִים וְהֵמָּה יִהְיוּ־לִי לְעָם׃

この預言は、まさにイスラエルの王国が滅ぶ寸前の紀元前六世紀前半に言われたとされています。主はイスラエルの悪事や罪を赦すことにして、誰もがもはや主を裏切ることのないよう、律法を全員の心の中に書くというのです。この預言は「彼らの心に」という言葉で個人の内心の信仰について語っているめずらしい例で、現代のユダヤ教を支える重要な根拠にもなっています。つまり出生と血縁を基盤とした民族宗教から離れて、ユダヤ人として生きることを選んだ個人の、信仰の根拠になっているのです。

かつて主がイスラエルの中に与えた律法とは、モーセの十戒《じっかい》のことです。主は十の戒めを石板二枚に刻み、モーセに託し、モーセはそれをイスラエルの民に与えました。（出エジプト記三二〜三四章）十戒は、ユダヤ教の煩瑣な律法全体のエッセンスを表しています。

モーセに与えられたとされる律法は、今日でも厳密に守られていて、たとえば安息日（金曜の日没から土曜の日没まで）には火をつけることができません。私がエルサレムで住んでいたマンションは、かなり宗教的な地域にあったので、金曜の夜に近所のユダヤ人が困った顔をして、火をつけてくれるよう遠回しに頼みに来ました。「電灯のスイッチをONにしてくれ」と頼むことじたいが違反になるので、「明かりが消えているんだ」と私に説明するだけです。私が彼らの言いたいことに気づかなければ、ずっと暗いままです。このような非人間的な事態でも、一事が万事で、非常に細かい規則が神とイスラエルの結びつきを保証するものとして、今日も守られています。エレミヤの預言は、この「石に刻んだ」律法と比較して、今度はイスラエルの心に新しい契約を書くというのです。ということは、石の律法を更新するほどの内容ということです。神に選ばれた民として「イスラエルの家とユダの家」が言及されていますが、もはや王国の栄光のイメージはありません。むしろ主はイスラエルの悪事や罪を赦し、もう罪を犯すことの無いよう律法を心に書き記し、やがて滅ぶ王国の回復を約束するのです。エレミヤの預言は、イスラエルの王国が前五八七年にバビロンによって滅ぼされた後も続きました。王国無きあと、ユダヤ人は何に頼って生きていくのか、これに応える神学に変わっていきます。なぜイスラエルは罪を犯したのか、そして国を失った人々の救いはどこにあるのか、という厳しい現実に答えるものです。なぜ律法を守れず他の神々に浮気したのか。問いは人々の罪や心の問題へと向かい、やがてその解決者・大祭司・仲介者を求めるようになります。イエスは弟子たちにより、この「心に書かれた」新しい契約の仲介者として位置付けられました。つまりキリスト教では、新しい契約であるイエスの誕生によって、エレミヤの預言はすでに成就したことになります。もう油塗られた祭司・キリストが与えられたのだから、古い律法という単なる影に拘泥するのはよくない、という解釈です。

（ヘブライ人への手紙八章、コリント人への第二の手紙三章）

さて余談ですが、右記のエレミヤ書三一章三一節の最初の一文は、ヘブライ語原文では「ヒネー、ヤミーム バイーム」という言い方で、直訳すれば「日々がやってくる（もしくは日々は過ぎ去る）」となります。この「ヤミーム バイーム」という定型文は、ヘブライ語聖書の中でエレミヤやアモスという預言者が多用し、これから起こることを主が示すという文脈で用いられます。教会で今日使われている聖書では、この箇所を「契約を結ぶ日が来る」と意訳してあります。この意訳はそれなりに文脈に合っていて意味的には問題ないのですが、聖書ヘブライ語の言い方では「……の日が来る」とは言ってないことに注意してください。私たちは終末の予言のようなオカルトめいたもの言いに気を取られがちですが、聖書ヘブライ語では、そんな言い方をしていないのです。（コラム予言と預言の違い参照）預言者エレミヤが言ったことは、「確実な主の決めごととして、やがて心の中に新しい契約が書かれる」ということでした。「何月何日に最後の審判があって、イエス・キリストが再臨する」という言い方は、とても近代的なカレンダーの感覚です。翻訳に注意を配らねば、キリストの理解から遠くなり、勝手な解釈に基づく終末の予言に陥ってしまいます。

3◆契約の成就——日本語との決定的な違い

私たち現代の日本人は、契約というと売買や賃貸借の証書を思い浮かべます。神様との約束ごとを契約とは呼びません。イスラエルの神は、人間（イスラエル民族）に恩寵の約束をしますが、それと引き換えに他の神々を拝まないことを要求します。つまり神と人間との契約関係があり、それを破ると災難が起きるのです。（たとえば、ノアの洪水やイスラエル王国の滅亡）この契約の観念には、もうひとつ大きな違いがあります。それは契約の成就の時という時間観念です。啓示や預言という形で契約の内容が示されますが、聖書ヘブライ語には単純な未来時制が無く、完了したか未完了なのかという分別を優先します。だから預言には、「未来にすでに起きた」という感覚があります。「もし未来に〜

したら」という感覚ではなく、「乙女がみごもった」とか「私は彼らにとって神となった」という完了の出来事です。イザヤの預言によってインマヌエルは確実にイスラエルに与えられたのであり、またエレミヤの預言によって心の中に新しい律法が書かれたのです。[9] それが未来のことであっても、預言は基本的に完了形を含み、イスラエルの栄光は未来に成就したのです。

9…聖書ヘブライ語の時制については、『ヘブライ語入門』（日本ヘブライ文化協会）がお勧めです。完了と未完了が、ひとつの文章の中でひっくり返って使われるので、現代語の時制の感覚では理解不能です。

契約の内容は、キリスト教の誕生によって大きく転換しました。王国を再興する男の子インマヌエルが、実は十字架刑で犯罪者として処刑されたイエスだったという解釈は、多くのユダヤ人にとって受け入れがたいものでした。そこに王国復興の栄光の姿は無く、ただ病気なおしの奇跡を行なう集団が勝手にイエスをマシーアッハだと説いているということです。これをキリスト教の側から見れば、「インマヌエルは私たちの心の中に、新しい律法としていつも共にいる」ということです。キリスト教ではインマヌエルの居場所に転換が起こり、現在も未来もずっと契約が成就していることになりました。契約関係も神とイスラエル一民族だけのものではなくなり、異邦人も神の王国に入れることになりました。言葉づかいはヘブライ語の選民思想を引き継ぎましたが、そのメシア像は「全人類の罪を贖《あがな》う神の子」へとしだいに変化し、キリスト教という世界宗教が成立したのです。

ユダヤ教・キリスト教に共通している契約観念は、唯一の神との関係です。それは日本語には見られない強固な関係です。十戒は「汝は我の他に何ものをも神としてはならない」から始まる律法で、「〜してはならない」という否定を基調にしています。日本にも阿弥陀信仰や日蓮宗のように、一人の宗教的人格への絶対的な帰依を求める宗教は見られます。しかしそれも仏陀の教えの方便のひとつであって、何がなんでも唯一の神に全てを帰するという感覚ではありません。また日本語そのものが「〜してはならない」という契約文書に適していないので、お互いを縛りあう宗教観はなかなか受け入れがたいものがあります。マリア、天使、アダムとイブといった耳ざわりのいい言葉も、語源をたどれば強固な契約の神の宗教です。今回はインマヌエルとイエス・キリストの語源から学びました。次回は終末観とキリストの関係について、ヘブライ語聖書から学びましょう。

【お勧めの本など】

ユダヤ教に関心を持たれた方へ

手島勲矢（いざや）編著『わかるユダヤ学』日本実業出版社

イエスとヘブライ語世界に関心が進まれた方へ

英語ですが、Jerusalem School of Synoptic Gospels（共観福音書のエルサレム学派）のウェブサイトをご覧ください。

持っていると便利な本

『新共同訳聖書　聖書辞典』新教出版社

コラム

ヘブライ語聖書と旧約聖書の違い

ヘブライ語聖書という言い方について説明しておきます。旧約聖書・新約聖書という区別は、キリスト教によって始まったもので、ユダヤ教にはありえません。つまり旧約という呼び名は、キリスト教から見たものです。新約とは新しい契約のことで、イエス・キリストを指しています。イエス自身はヘブライ語聖書の世界を生きていたので、自分が新しい契約として記録されたことを知らずに十字架刑で死にました。つまりイエスの弟子たちが、「あの人こそ神の新しい契約、世界の救い主だ」と崇拝し、その記録を新しい契約の聖書としたのです。イエス自身が生きていたのはヘブライ語聖書の世界だ、という事実はとても重要です。

ユダヤ教の本流から見れば、イエスは神の新しい契約などではなく、一預言者か、もしくは掟を破り人々を扇動する者でした。当時の荒々しい時代の中でイエスは十字架刑で処罰されたのです。現代でもユダヤ教徒には、「旧約」という概念は受容できないでしょう。この講座で「旧約聖書」と言う場合、必ず新約という概念と対比して使うときに限っています。

【第2回】

終末、メシアからキリストへ

1◆終末、ハルメギド

この宇宙がビッグバンから始まり、いつかどこかで終わるとしたら、その最後がいつなのか。わかりもしないことを延々と論じるのが、人間の性《さが》なのかもしれません。人間の性は仏教で言えば無明《むみょう》です。時間や世界を自分の目の届く範囲にとどめておきたいという煩悩だとも言えます。自分は何ものか、世界はどこまで続くのか、時間の終わりはあるのか。これらを知り尽くそうという欲求への、ひとつの答えが、終末の神話だとも言えます。

自分が世界のどこにいるのか知っておきたいという煩悩は、あるときはロマンチックな天体観測へ向かい、またあるときは時間や空間の哲学に向かったりします。古代ギリシアの賢者たちは、言葉（ロゴス）の力を信じて、この世界の真相や背後にある法則（ロゴス）を明らかにしようと努める姿勢を生み出しました。この生きる姿勢はフィロソフィアと呼ばれ、日本では西周《にしあまね》によって哲学と訳され、明治時代に一般的になりました。世界の始まりはどうなっていたのか、終末はどうなるのか。古代ギリシアのロゴスは、言葉を意味するだけでなく、この世界をつらぬく法則・真理をも意味していました。日本語にロゴスの適当な訳語を見つけるとしたら、真言《しんごん》だと思います。ただ、日本の真言は、世界の終わりという観念と結びつかなかったのです。

今回は、終末やメシアについてヘブライ語聖書からひもとき、私たちの心性を考えるよすがにしたいと思います。

日本語の世界は、古代ギリシアの言葉の感覚から遠いところにあります。日本語の「言葉（ことば）」は、コトノハであり、出来事（できごと）と同じ地平にあります。つまりこの世界から離れた背後にある法則としてのロゴスではなく、世界そのものです。言葉が発せられるとき、何かを指示したり主張したりせず、戯れる会話やあいまいな文末、擬態語などが遊ぶかのように体の周りにひらひらとしている。そんな感じでしょうか。擬態語・韻文・ことば遊びがこれほど豊富な言語は、実は世界でも珍しいのです。言霊（コト・タマ）という語彙《ごい》がありますが、死んだ人やペットの名前を死の直後に忌み嫌ってあまり口にしないのも、日本語の不思議です。呪文のように呼び起こしてしまうからでしょうか。この言葉のあり方は、古代ギリシアのロゴスとは異質です。終末について自分から離して考える土壌が日本に無いのも、そんな言葉の在り方と深く関わっているのかもしれません。

大乗仏教が六世紀に日本に入ってきたとき、お経は呪文のように輸入されました。世界の始まりと終わりがどうなっているのかといった大乗仏教の教学は、一般には広まりませんでした。大乗仏教は世界についての思索を深めた体系なのですが、ブッダの教えは解脱（げだつ）を前提としているため、言葉による思索そのものが究極的には乗り越えられる仕組みになっています。「世界の実相は空である」と考えたこと自体が、この世界の内側に心を留め置いている営みであり、ブッダはこれを離れていく行き方を体現したのでした。だからほとんどの宗派では、時間や世界を自分の目の届く範囲にとどめておきたいという煩悩は、卑しいこととして最終的に退けられることになります。

　言葉のあり方にせよ大乗仏教の取り入れられ方にせよ、日本語の世界は、神の計画とか世界の終わりといった「世界の背後にある現実や法則」という感覚を、近代まで持たずに来たと言えます。あるいは現在も、日本語はそのような思索から遠いままだと言えます。この言葉でユダヤ教・キリスト教の終末を考えるという作業は、何か雲をつかむようなことなのかもしれません。そもそも言葉の違いという根本的な問題があり、さらに歴史的に大きく変わってきた終末観そのものの問題があります。何層もの壁があり、その在り方はとても複雑ですが、わかりやすいところから解きほぐして理解していきましょう。

　まずは現代の日本に流通しているハルマゲドンから説き明かしていきましょう。いかにもオカルト的な響きのハルマゲドンですが、これはヘブライ語から来ています。日本語にすると「メギド丘」◆[10]です。

10…旧約聖書に数カ所、メギドという発音でこの地名が出てきます。ゼカリヤ書十二章十一節だけがメギドンとなっています。ある時代からヘレニズムの影響で都市の名の語尾にオンが付き、紀元一世紀にはメギドンと言われていたと推察されます。これが新約聖書のギリシア語でマゲドンと表記されたのでしょう。

ヘブライ語◆ハル・メギド

ここから הר מגדו

ギリシア語◆ハルマゲドン

ここから Αρμαγεδδων

新約聖書　ヨハネの黙示録十六章十六節

> 蛙のような汚れた三つの霊が……全世界の王たちのところへ出て行った。それは、全能者である神の大いなる日の戦いに備えて、彼らを集めるためである。……汚れた霊どもは、ヘブライ語で「ハルマゲドン」と呼ばれるところに、王たちを集めた。

ハルという語は、今でもイスラエルでは丘や山を指します。私が通っていたヘブライ大学は、ハル・ハツォフィーム（見張りの丘、預言者の丘）の上にあります。小高い丘もハルと言います。考古学の成果からわかったこととして、ヨハネの黙示録のもとになった

ハル・メギドの要塞部分

一世紀末頃のメギドは、小高い人工の丘の上にありました。ヨハネの黙示録に出てくるハル・メギドとは、平原にある要塞の丘の都市を指しています。

交通の要所にあったメギドの平原は、日本の関ヶ原のようなところです。記録された大きな戦いでは、紀元前一四九〇年頃のエジプト対シリア・カナン地方連合との戦争があります。イスラエルの記憶にあるメギドの戦いは、紀元前六〇九年の対エジプト戦で、そのときにイスラエルの王ヨシヤが戦死しました。それ以降イスラエルは衰退し、二二年後には王国は滅亡しました。ちょうどそのころ、前回の講座に出て来た預言者エレミヤが、新しい契約のことをイスラエルに伝えたとされています。つまりメギドの名は、終わりのない戦争と王の戦死、王国の滅亡という忌わしい記憶に結びつき、それが終末の戦争の場としてヨハネの黙示録に現れたのだと解釈することが可能です。

キリスト教の終末観は、最後の戦争と人間への審判という、とても強烈で具体的なイメージに基づいています。「まもなく世の終わりが来るから、イエスの教えを守り、選ばれた者として正しく分相応に生きていなさい」というのが新約聖書の基本です。イエスが伝えた終末の日の様子は、弟子たちによってギリシア語で記録され、いまもキリスト教会で日々読み継がれています。一例をあげておきます。

マタイによる福音書　二四章

イエスがオリーブ山で座っておられると、弟子たちがやって来て、ひそかに言った。

「おっしゃってください。そのことはいつ起こるのですか。また、あなたが来られて世の終わるときには、どんな徴《しるし》があるのですか。」イエスはお答えになった。「人に惑わされないように気をつけなさい。……預言者ダニエルの言った憎むべき破壊者が、聖なる場所に立つのを見たら（読者は悟れ）、そのときユダヤにいる人々は山に逃げなさい。……」

ほかにも終末のときが近づいているといった言葉や、最終戦争の様子などが、新約聖書の随所に描かれています。実際にイエスが生きていた西暦三〇年頃のエルサレム周辺には、終末思想を基本とする宗教団体がいたことが、考古学の成果によって確認されています。◆11

11…終末思想を基本として、世俗の生活から隔絶した集団に、クムラン宗団があります。紀元一世紀の死海周辺にいた一団で、独自の教義で洞窟での修道生活を行ない、義の教師の導きを受けるという教義を持っていました。一九四七年に発見された文書によってその存在が世に知られ、一世紀のユダヤ人の終末観を知る貴重な資料があり、現在も分析され続けています。ただ、クムランについてオカルト的・自分勝手な解釈をした学者や小説家たちが多く、聖書へブライ語がわからない人々にたいへんまちがったイメージを与えていています。現時点でお勧めできるすぐれた解説書は、土岐健治『はじめての死海写本』（講談社現代新書）、または高橋正男『甦る古代ユダヤ教』（講談社メチエ）です。

そのひとつとしてのイエスの集団は、具体的な終末のイメージを持ち、病気なおしの奇跡と共に急速にユダヤ人たちの間に広まって行きました。彼らの終末のイメージの中で、ハルメギドは具体的な地名として重要な役割を持っていたと言えます。ユダヤ人たちにとっては、ハルメギドはヨシヤ王が戦死した古戦場でした。今日のように、謎めいた意味不明な言葉としては使われていなかったと考えられます。それが長い年月を経て、ギリシア語のハルマゲドンとしてキリスト教世界に流通し、終末思想の流行のときには秘教的・オカルト的な言葉として登場してくるのでしょう。

ハルマゲドンという言葉のでどころ、つまり私たちの側の秘教的な意識について、より深く理解するには、聖書を書いた人たちの終末観を原典から学ぶことから始めるのが本筋だと言えます。この講座のめあては、ハルマゲドンの起源を探って「幽霊の正体見たり枯尾花」というものではありません。ハルマゲドンという言葉から考え始めて、キリスト教の背後にある終末という世界観を知ろうとしています。私たち日本語世界に生きる人たちから見て、キリスト教の終末観や時間観念がいかにわかりづらいか。その原因はどこにあったのか。そういう話です。

キリスト教の終末観の中核にある、最後の審判と最終戦争のイメージは、ユダヤ教の歴史の中では異質なものです。イエス・キリスト＝救世主＝最後の勝者という考え方は、ユダヤ教の根本のヘブライ語聖書だけからは出て来にくいものです。むしろ終末観は、ギリシア的な時間観念の影響や、この世の終わりといった特殊な同時代の雰囲気に根を持ち、そこに聖書の語彙《ごい》が用いられたと考える方がわかりやすいかもしれません。

意外かもしれませんが、ヘブライ語聖書全体の中では、創世記や終末の話はほとんど例外的です。創世神話はユダヤ人の祖先のオリジナルとは言えませんし、終末に関わる話は比較的新しい層（紀元前六世紀以降）の預言者の言葉に集約されます。ヘブライ語聖書の中核を成す古い層は、そのほとんどが唯一神とイスラエルとの関係を表す物語や儀礼の細則です。その時間の感覚は、日本語の世界のエンドレス・非直線的な感覚に近いものです。つまり「最後に唯一の神が審判を下す」というストーリーは、ヘブライ語聖書では例外的で、おそらく紀元前五世紀以降に熟成され付加されていったものです。ハルマゲドンでの最終戦争というおどろおどろしいイメージはまた、ヘブライ語のメシアという像ともまったく関係ないものです。以下ではキリスト教におけるメシア（ギリシア語でクリストス）という語の変遷を見て、最終戦争とメシアのイメージを解きほぐし、私たちがなぜ終末やメシアといった語に拘泥するのかを考えるよすがにしたいと思います。

2◆救民者マシーアッハから救世主キリストへ

前回触れたように、ヘブライ語のメシア（マシーアッハ）の意味する内容は、ユダヤ人の困難な歴史の中で大きく変わっていきました。メシアの意味が、もともとの「油塗られた（者）」からどのように変化し、「全世界の救い主」というモチーフと結びついたのか、前回の学びと照らしながら以下で略述します。

マシーアッハ「油注がれた（者）」という語が常に意味する内容は、儀式を行う祭司がオリーブオイルを体に塗って、俗なものごとから聖別されることです。①俗世から離れたところにいる「聖別」が基本としてあって、これに後から②王の権威づけ、③イスラエルを救う者、④全世界を救う者といった新たな意味づけが加わってきます。以下にそれらの例をあげましょう。

意味（付加された意味）	聖書の出典および文脈と背景
①油注がれた者	レビ記四章三、五、十六節。六章十五節 民族宗教の儀礼細則。祭司は神によって油注がれた者であり、犠牲を捧げる儀式に一点の誤りもあってはならない。祭司は聖別された者である。
②王の権威づけ	サムエル記上十二章三、五節 サウル王の権威を示す宣言形式。偉大な預言者サムエルが、サウルに油を注いで聖別し、サウルを王としてイスラエルの王国を興した。王の権威は油による聖別である。

③イスラエルを救う者　イザヤ書四五章一節

国を失った民を救う者。預言の形で、ペルシア王キュロスによる解放の根拠として。

④全世界の救い主

新約聖書全体に、ギリシア語のクリストスとして。

イエスこそが新しい契約。ユダヤ人だけでなく、全世界の人間を罪から救う。

①が聖書の中核を成す古い層のメシアで、それに②・③・④と次第に新しい意味づけが加えられていきました。最初の三段階で、メシアの意味の背景にそれぞれ変革があったことがわかります。

まず①祭司の聖別については、非常に民族宗教的なにおいが強い言葉としてメシアが出て来ます。若い雄牛の献げ方を執拗に書き続ける文の中に、メシアがいます。神が油を注いで聖別した者が、儀礼を滞りなく行うという文脈です。ここには終末や民の救済というモチーフは全くありません。

②王の権威については、すでにある程度形式化した言い方で、メシホー（彼が油を注いだ者）が出て来ます。つまり「神による王の権威への御墨付き」です。ここで書かれているのは、①の犠牲を献げる文脈から離れたところで起きている政治的なことがらです。

王の権威づけに定型句のメシアが用いられた痕跡とも言えます。③民を救う者という新しいモチーフが、メシアに加えられています。雄牛の犠牲とは全く関係のない語彙《ごい》としてメシアが出て来ました。異邦人のペルシア王キュロスに神が油を注ぎ、イスラエルをバビロン帝国から解放したという思想です。イスラエルの血をひかないキュロスに、神が聖別の油を注いだというのは、それまで閉じていた民族宗教に大きな変化があったことを示します。油を注ぐ行為が実際には行われていなくても、メシアという語が象徴的な表現で使われています。ユダヤ教の基本は選民思想と父方の血統であり、ダビデ王の血統は非常に重要です。しかしキュロスの聖別は神の油注ぎによって成されたもので、その民イスラエルを救う者の正統性は、血統よりも大事な神による聖別だと預言されたのです。この③で大きな転換があったと言えます。

この転換の背景は、イスラエルの王国の滅亡（紀元前五八七年）と、続くバビロン捕囚、ペルシア帝国による解放という出来事です。それまでの民族宗教を軸としたイスラエルの王国が滅び、生き残ったユダヤ人指導者たちはバビロンという大帝国に捕虜として連れ去られました。国土を離れて五〇年間暮らす間に、民族や王国の歴史を外から捉《とら》え直すグローバルな神学が創り出され、王国の領土ではなく神の言葉（聖書）に基づくユダヤ教という宗教が成立したのです。だから今のヘブライ語聖書には、右記の民族・王国・流浪・言葉の宗教という何層もの編纂の痕が残っています。メシアの意味が大きく転換したのがわかるのも、この編纂の痕を丹念に調べることによります。

異邦人キュロスの話はエズラ記一章などに書かれています。イスラエルによる歴史解釈では、キュロスは神の使者としてイスラエルを悪の帝国から解放し、後のペルシア王国を建てたということになります。同時代に書かれたイザヤ書四五章は、彼をメシアと呼び、そこで③の救民者というモチーフがメシアに加わったのです。その後のイスラエルは、王国の再建、アレクサンダー大王以降のギリシア化、ローマ帝国による圧倒的な支配へと巻き込まれ、ユダヤ教はさらに外の世界との関わりを強めていくのです。

④クリストスはギリシア語の「油塗られた者」です。イエスの時代には、ヘブライ語のマシーアッハ（油注がれし者）の訳語として、ギリシア語を話すユダヤ人の間ですでに用いられていたので、パウロのようなイエスの弟子たちにも訳語としてすんなり採用されたようです。（第一回参照）ここでは、イエスをキリストとしてギリシア語で記録したのは、イエスの弟子たちだったということに注意すべきでしょう。イエスはユダヤ人で、ヘブライ語聖書の言い回し（生の木、エゼキエル書二一章三節）を用いて自分のことをメシアだと公言しましたが、ギリシア語は話していなかったようです。本人は、ヘブライ語とアラム語で「神に立ち返れ、洗礼を受けよ。時は近づいた」と述べて、多くの人たちを病や飢えから救いました。その数々の奇跡が目撃され、驚きをもって人々の間に伝えられ、今の新約聖書に結実したのです。

イエスの時代には、まだユダヤ人の国は滅びずにあったのですが、西暦七〇年には完全にローマ帝国の支配下になりました。その支配の状況において、ギリシア語で創られたメシア像＝キリスト像が、現在の新約聖書の「世界の救い主イエス」なのです。

イエスは当時のユダヤ人の宗教的堕落に対して警鐘を鳴らしました。「神に立ち返れ」このメッセージこそ、イエスが生涯をかけて伝えようとしたものです。イザヤ、エレミヤといった大預言者たちと全く変わらないメッセージでした。ヘブライ語では、シュブー שוב（名詞ではテシュバー תשובה）で、顔の向きを文字どおり神に向けて変えることを言います。それがギリシア語でメタノエオーと訳され、内面的な「悔い改め」になりました。メタは「〜を出る」、ノイアは心にあたります。つまり心の向きを変えることになり、ヘブライ語の「顔の向きを変える」ことよりも内面化したのです。だから現在私たちが教会で聞く「悔い改めなさい」とか、「罪にけがれた身を神にゆだねなさい」といった説教は、じつはイエスのメッセージと少しずれていて、内面的な罪や汚れた肉体という感覚を前に出しています。イエスは身体を汚れたものと断定していなかったようです。またアダムが知恵の木の実を食べたために全ての人間が罪に堕ちた（原罪の教義）とは、述べていなかったと考えられます。それは使徒パウロが当時の教義や神学を背景に、自分で解釈したことを手紙に残し、それが新約聖書の書簡として残ったものなのです。

イエスが活動した西暦三〇年頃、ユダヤ人の国は滅亡寸前でした。ローマの属国として、宗教的にも政治的にも独立したものはなくなり、ローマの貨幣が流通し、税もローマに納めるようになっていました。宗教的に保守的な人々はクムラン宗団（注記11参照）

のように遁世的な集団生活をし、またさまざまな教説が流布し反乱が起きていたことが記録されています。新約聖書の記述では、イエスを「イスラエルを救う者」として見る人々も多く、弟子たちでさえ神の王国の復興の時期についてイエスに問いただしたことが記録されています。ところがイエスはそういったメシア観には直接答えず、終末の到来を預言し、この世の王国は終わること、偽メシアが現れること、目を覚まして終末が来るのをじっと待っているようにと伝えました。彼の預言は王国の復興、すなわち③の救民者のメシアを期待していた人々を失望させました。またイエスの活躍は、時の施政者の妬みやファリシュアと呼ばれる厳格な宗教者たちとの論争を引き起こし、結果としてイエスは十字架刑によって殺されてしまったのです。

イエスは救民者としてのメシア像を自ら否定し、自分の役割を「神に立ち返れ」と述べ伝えるメッセンジャーとして、十字架刑の最期まで生きました。この彼の生き方や病気なおしの奇跡によって、十一人の直弟子たちが強い宗教体験に導かれ、キリスト教会が生まれたのです。彼らは新しいメシア像を作り出しました。それはイスラエル王国の救民者という像を更新して、全世界の人々を終末の審判から救い出す救世主の像となりました。最初は非常に少数のユダヤ人だけの集団でしたが、しだいにユダヤ教の選民思想から離れて、ギリシア語によって地中海世界に広まり、やがて現在の「メシア＝救世主」とする世界宗教になっていきました。

3◆なかなか来ない終末。時間の読み替えという神学

さて、問題は終末が来ないことに移ります。イエスは「間もなく終末がやってくる」、「神に立ち返り、目を覚ましていなさい」と伝えて死に、復活し、「私は世の終わりまで、いつもあなたがたと共にいる」と言って天に昇っていったのですが、イエスが具体的に示した終末はいつまでたっても来ませんでした。

そこでさまざまな「終末」神学が組み立てられました。「すでに終末は来たのだ。神の恵みによって、今は更新されたパラダイスなのだ」とか、「いつでも目を覚ましていなさい。イエスはいつ来るかわからない」とか、「終末の意味を解釈し、自分の霊性を高めるのだ」といったもの言いです。この分野は、キリスト教神学では「終末論」と呼ばれ、とても長大な学問的蓄積があります。

現代社会に生きつつも、あえて新約聖書を文字どおり読んで、遁世的に終末を待つ集団が今でもいます。聖書に書かれた終末のイメージを自分の中に作り上げ、一種のセラピーのような方法で自己意識の変革をすすめる集団もいます。また終末という時間観念そのものを物理学の成果を用いて再解釈し、ひとつの終末はひとつの創造の開始なのだとする禅問答的な神学もあります。これらは現代社会にあって、あえて自分たちの時間観念の読み替えを行なっているのでしょう。ただ私見では、遁世したり自己啓発セミナ

ーに通いつめたりするのは、かなり神経症的な運動です。終末論に拘束されるのではなく、終末観を在らしめている自分や、その根拠としての聖書の語句を理解しようと努めれば、誰か他人の終末観・世界観によりかからないでも生きていけると、私は思っています。

最初に述べましたが、「自分は何ものか、世界はどこまで続くのか、時間の終わりはあるのか。これらを知り尽くそうという欲求へのひとつの答えが、終末の神話だ」と私は考えています。今回は、メシアという語の変遷やハルマゲドン、イエスの時代精神を見てみました。メシアというヘブライ語は、終末や救世主とは全く関係無いところから発していて、ユダヤ人の歴史にともなって変遷してきたことを知りました。誤解の多いハルマゲドンと終末の戦いについては、イメージの出所であるハルメギド（メギド丘）の記憶から考えるべきです。また終末という語の背景にある、ギリシア的な直線的時間軸の発想は、私たち日本語世界に生きる人々にとっては異質なものです。これらを解きほぐしてヘブライ語聖書から理解しようと努めると、自分がどのように世界や時間の終わりを捕まえようとしているのか、遠巻きに見えてくるのではないでしょうか。いたずらにハルマゲドンやメシアや終末といった言葉に振り回されず、そこにこだわってしまう自分をいったん外から見つめるためには、ヘブライ語聖書に基づいた学びが役に立ちます。

【お勧めの本など】

メギドの発掘など、聖書考古学のわかりやすいもの

ロバータ・L・ハリス『図説聖書の大地』　東京書籍

コラム

西暦で世界を測る

この本では「紀元前後」という言い方で、西暦（グレゴリオ暦）という時間軸を用いています。ところがこの西暦という概念は、キリスト教がローマの支配者の宗教になってから世の中に定着したものです。ユダヤ教では西暦で歴史を測っていませんし、日本人にとっては明治時代以降に使い始めた新しい概念です。西暦の歴史については今は触れませんが、大事なことは、西暦の基準がイエスの誕生日（推定）を基準にしていることです。紀元前の人々は、当然ながら自分の世界を西暦で位置付けてはいませんでした。イエス自身も西暦で自分の誕生日を位置づけてはいませんでした。後のキリスト教の歴史学者たちが、記録や考古学の成果などをもとに、イエスの誕生日を推定し、その基準で世界を位置付け直したのです。同じような時間軸の導入は、日本にもありました。天皇の降臨を基準に据えて、皇紀という軸を明治時代からおよそ七五年間使っていました。ちなみにユダヤ教では天地創造を基点にして、西暦より三七六〇年長い軸を使っています。

西暦××××年にこの世の終わりが来るといったもの言いは、この非常に特殊なイエス誕生日基準で世界を断ち切っています。だから終末のときを同定しようとする宗教は、そのどれもが自分たちの時間基準で世界を把握しようという、一種の煩悩・迷いの中にあると言っていいでしょう。西暦二〇〇〇年のお祝いもイエス誕生日基準の世界であり、その熱狂の中でどれほどの人たちがイエス自身の病気なおしの一生に思いを馳せたでしょうか。ときどきさみしい気持ちになります。

【第3回】産むこと、私の生命

1◆自宅出産、生命の循環と目眩《めまい》

二〇〇五年三月二九日午後一時二九分に、娘のまはなが誕生しました。三五〇〇グラムもありました。とても静かな赤ちゃんです。この子は自宅で出産しました。今は日本人の〇・二%しか自宅で出産しませんが、わが家は次男の果南《カナン》も自宅出産でした。妻の亜紀子は、助産婦の堀さんや母に助けてもらい、八時間かけてまはなを産みました。私もなんだかんだとずっと関わってきました。

出産は、いまでこそ産婦人科の施設内で行なわれる医療行為を前提にしていますが、ほんとうは病気ではありません。生活の流れ、家族や近所の人たちに囲まれた空気の中で、人は生き死にを営んできたのです。昭和三五年前後から、急速に近代的な生活パターンが支配的になり、人々は時計時間や学校制度や出産・葬儀施設へのお任せの人生を歩むようになっていったのです。私もそんな現代人のひとりなので、単純に「昔へ返ろう」と言うつもりは全くありません。ただ、自分の生活の流れの中で出産することは、お任せの人生ではなくて、衣・食・住・医療・教育の自給につながる生き方だと思っています。病院が用意した「夫婦協力型分娩」とかいったルーティーンに乗って、助産婦さんの名前もわからないまま、妻と子どもが退院したら出産はおしまいというのは、なんだかお任せ過ぎのような気がします。

今回の出産で、男／父親として感じたのは、生命の循環への目眩《めまい》でした。女／母親は、やはり強いです。出産の痛みは男には耐えられないと言われますが、見ていてほんとうにそうだと思います。妊娠してから、妻はしだいに動物的になり、冴《さ》えを感じるようになりました。男は実際のところ、ただ傍観するだけです。妻の臨月の腹を見ても、それはどうやっても自分のことにはなりません。いよいよ生まれるときになって、危険な空気がみなぎってきても、私がすることは周辺的なこと、連絡の電話をしたり、飯を焚いたり、風呂を沸かしたり、出産の部屋の準備をしたりというようなことです。当たり前ですが、常に中心にいるのは母と娘だったのです。八時間に及ぶ陣痛とのやりとりの後で、娘はそこに来ていた近所の人たちや友人・その子供たち、関わっている人たちをみな巻き込んで生まれてきました。最後はちゃんと自分で回転しながら産道を抜けてきました。ほんとうに立派です。しばらくして臍《へそ》の緒《お》の拍動が止まり、周囲の人たちが見守るなかで、私が臍の緒をハサミで切りました。男／父親として、私にできることと言えば、娘と世の中との橋渡しをしてあげることとくらいです。あとの生命の営みは、すべて母と娘が自分でやるのです。その循環は、昔から、そしてこれからも私を離れたところで営々と続くのでしょう。胎盤といっしょに、臍の緒でつながったまま並んでいる娘を見ていると、目眩がしました。そして病院ではどうやっても感じることのないこの目眩に、畏れと感謝の混じったような気持ちが起きてくるのでした。

今回の講座は、ヘブライ語聖書の世界の中に見られる、魂や肉体や生命についての話です。つい自分から遠い物語として読み飛ばしてしまうところですが、キリストの理解にとって欠かせない感覚が書かれています。右に書いた目眩の感覚です。この力強さから離れないよう心配りをしつつ、ヘブライ語聖書を土台にしたキリストの理解を学んでいきたいと思います。

2◆プシュケーの在り処、祈りの湧くところ

私は東京の工場町で育ち、人の生死を目の当たりにすることは一度もありませんでした。近所のおじさんが死んだといっても、死体を見るのはすでに棺に入ったきれいな姿で、あとは静かに葬送の儀式が行なわれていくだけでした。近所で子どもが生まれたといっても、病院から出てきた後のきれいで可愛い赤ちゃんを見るだけでした。病院で長男の出産に立ち会って、ようやく人間のリアルな姿に触れ、体の震えを経験しましたが、それまではただの一度も血や腐臭と人間が直に結びつくことはなかったのです。

そんな人間がキリスト教の神学や宗教学を大学で勉強すると、人間観・宗教観は自己

満足の閉じた世界にこもりがちです。二十代の私は六年を宗教学と神学に費やしましたが、そこに血や腐臭の入り込む余地はありませんでした。新約聖書の物語は、死人の甦《よみがえ》り、長血を患う女、らい病、足が萎えた男、漁村、十字架の血……ずっと血や腐臭の中にあったのに。だから私の二十代の宗教学・神学は人間のリアルな生死から遠く、人格の統合や祈りの言葉の使用といった、非常に都会的・現代的な世界に限定されたものでした。それも現代の都市生活では大事なテーマでしょうが、魂の救いという美辞のもと、人間の生死の実際が隠ぺいされた安全圏で、お遊戯に興じていたというのがほんとうのところです。

人の死に直接触れたのは、義父の死を目の当たりにしたところからです。死体を運ぶという経験を初めてして、ようやく死んだ人は冷たくて硬いという当たり前のことに気づきました。人の生命を実感したのは、次男の自宅出産からでした。果南《カナン》は妻の腹からあわてて飛び出してきました。右手を伸ばして、ぐるっと回ってポンという具合でした。今でもはっきり覚えていますが、胎盤は最後まで果南に栄養を与えようとして、臍《へそ》の緒《お》が拍動を続けました。臍の緒を切るのは父親の役割で、胎盤を地面に埋めるときには思わず「ありがとうございました」と頭が下がりました。出産から胎盤を埋めるまでは、自分が播いた種に決着をつけるという、ごく当たり前の行為です。一連の出来事のあとで思い巡らすと、与えられた気づきは、人の生死の循環でした。それからやっと、私の学びに「血の声」といったヘブライ語の世界がリアルに迫ってきたのです[◆12]。

これがわからないと、キリストの理解から遠いところで自己満足の研究者を続けることになっていたでしょう。

ヘブライ語聖書の世界には、強い現世肯定と生きる意志とが前面に出ています。はかなさといった感覚は、見当たりません。――人間は土から作られ、死んだら土に戻る。この世界は永遠の神が創造されたものであり、世界も人間もやがて壊れゆく存在にすぎない。生きている間に、創造主の神を讃《たた》えよう――この人間観・死生観は、古代ギリシアの転生する魂（プシュケー）や世界を支配する法則（ロゴス）といった抽象概念からは遠いものです。世界の背後に転生する魂があるとか、世界をつかさどる法則があるという感覚は、ヘブライ語聖書の世界にとっては全く異質であり、世界をつかさどる法則のほうは父なる神に帰することとして若干触れられているていどだったのです。

ヘブライ語ではとても具体的な身体表現がたくさん用いられています。それは現代でも同じです。聖書には喉や鼻といった体の語彙《ごい》が多く使われているのですが、ギリシア語・ラテン語へ翻訳されていく過程で、喉は魂に、鼻は怒りにと、抽象的・精神的な世界に変換されていきました。詩篇一〇三のダビデの歌を見ましょう。

ヘブライ語◆詩編一〇三

ダビデの詩　わが喉（息）よ、主をたたえよ、わが内側（内臓）の全てよ、主の聖なる名を

ここから　לְדָוִד בָּרְכִי נַפְשִׁי אֶת־יְהוָה וְכָל־קְרָבַי אֶת־שֵׁם קָדְשׁוֹ

わが喉（息）よ、主をたたえよ、忘れるな、主の計画の全てを

ここから　בָּרְכִי נַפְשִׁי אֶת־יְהוָה וְאַל־תִּשְׁכְּחִי כָּל־גְּמוּלָיו

新共同訳聖書では、次のように訳されています。

わたしの魂よ、主をたたえよ。わたしの内にあるものはこぞって聖なる御名をたたえよ。

わたしの魂よ、主をたたえよ。主の御計らいを何ひとつ忘れてはならない。

ヘブライ語の強い音、言い切り方の強さ、具体的な体の語彙《ごい》、そのどれもが典型的なヘブライ語聖書の世界です。新共同訳聖書の日本語は、説明文のような素っ気なさが気になります。原文は「わが内側（内臓）よ」とか「忘れるな」という力強い語彙の詩なのです。詩のもつ力については第5回に回して、ここでは喉と魂の違い、つまり身体感覚に集中して学びましょう。

古ヘブライ語で、נֶפֶשׁネフェシュはもともと喉を表しました。日本語の「息」「生きる」にとても近い観念です。ヘブライ語聖書に七六〇回出て来て、その用法もさまざまです。共通して言えるのは、日本語の新共同訳聖書の「魂」とはかなり異なった観念で

す。たとえば創世記では、נפש חיה（ネフェシュハヤー）の形で何度も出て来て、日本語の「生きとし生けるもの」を表します。生き物を神が創ったとき、「生き物が水の中に群がれ」と言ってそのとおりになったのですが、そのときの「生き物」がネフェシュハヤーです。直訳すれば「生きている息」でしょうか。また、儀式の細則を定めたレビ記には、「おまえたちの息נפשתכם（ナフシュテヘム）」の形で何度か出て来て、「おまえたちの息は……しなければならない」という神の命令に用いられます。日本語訳では「あなたがた全員」となっていて、人間一般を指します。このようにネフェシュは、息、生き物、喉、人といったさまざまな意味にわたっています。◆13

13…これに対して「霊」にあたるרוח（ルーアッハ）は三九四回出て来るのですが、この語は神や創造、激しい宗教的感情の領域に近く、日本語には適当な訳語がありません。「タマ」という語がありますが、漢字では「霊」と「魂」の両方に使えて、この世界にふわふわしている存在です。ヘブライ語の、遠くにいる神や激しさを示すには、アラタマや造語の聖霊をあてることになります。

重要なことは、ネフェシュは具体的な息と食物の通り道であり、生きることに直結していることです。それは神の霊のように永遠の世界に属するものではなく、死とともに無くなるものです。預言者エリヤは神に対して「私の命（息）を取ってください קח נפשי」と言って、息が取り去られることを望みました。（列王記上十九章四節）この感覚は、日本語の「息を引き取る」と同じです。

このネフェシュの訳語に、ギリシア語のプシュケー ψυχη（魂・心・タマ）が当てられたことで、ヘブライ語聖書の喉・息・命の感覚がキリスト教では非常に弱くなりました。◆14

14…七六〇のネフェシュのうち、約六〇〇がギリシア語訳でプシュケーとされました。その翻訳の歴史や訳語選定の詳細はここでは扱いませんが、大事なことは、喉や息という身体感覚から離れて、魂へと身体観が変わったことです。

プラトンの教説において、プシュケーは体を離れて存在する実体で、死とは無縁であり、プシュケーをいかに清く（軽く）保つかという配慮が中心的な課題でした。それは日本語の定訳では魂です。しかしヘブライ語聖書のネフェシュには、転生のために清く保つというような観念は全くあてはまりません。死ねば無くなってしまうのですから。（ただし同じギリシア語世界でも、アリストテレスの教説ではちょっと違っていて、プシュケーは体を離れた実体とはみなされず、捕まえどころのない心の働きのことを指してもいました。これも魂と訳されています。）プラトンにせよアリストテレスにせよ、また他のギリシア神話世界においても、プシュケーは喉や息のような身体感覚とは別の世界で語られるべき「魂」だったのです。やがて訳語としてのプシュケーが、ラテン語ではアニマとなり、ヘブライ語世界から断ち切られたことで、いよいよ喉や息から離れて行きました。その結果として日本語では、「わたしの魂よ、主をたたえよ」という新共同訳聖書の翻訳になっているのです。本来の身体感覚では、「わが喉よ、主をたたえよ」もしくは「わが息よ……」が正しいのです。いったん目を閉じて、喉を通って出て行く息がハレルヤと発声するさまと、自分の中の心がハレルヤと言わせているさまとを、実際に息が通過する自分に意識を向けて比較してみてください。この根本的な違いを感じていただきたいと思います。

キリスト教はギリシア語によって、地中海世界にまず広まりました。その祈りの湧き上がるところは喉や息ではなく、魂（プシュケー、アニマ）になりました。だから現代でも、祈るさいには姿勢や呼吸法よりも魂の状態が重視されます。ヨガや座禅とは全く異なる祈りの態度です。キリスト教では、とくに信仰による罪の許しが重んじられ、遠くにおられる創造主の神との対話は、体の周囲ではなく心において為されるのです。[15]

15…祈りが体の姿勢と無関係になり、内面の心や魂の清さに関心が集中すると、次に心や魂がどこにあるのかという関心へと移ります。しかしこのような関心のあり方は、座禅の姿勢や丹田に力をこめるといった智恵と相容れません。日本語の世界にとって、魂のありかや罪の赦しをいっしょにして論ずるキリスト教の身体観は異質なものです。最近では脳死問題の議論のさいに、この違いが大きく前面に出てきました。アメリカの文化人類学者マーガレット・ロックの『脳死と臓器移植の医療人類学』（みすず書房）が、日本における脳死の問題を詳しく扱っています。

ここでは「神に顔を向ける」というイエスのメッセージの中核が、「悔い改め」という魂の問題へと変換されています。（第5回参照）

ひとつ注意しておきたいのは、体の甦《よみがえ》りというキリスト教信仰の感覚です。ヘブライ語聖書に甦りは二ヶ所明確に示されていますが、それらは例外的で、神の裁きのときの現象という限定つきです。（イザヤ二六章十九節、ダニエル十二章二節）神の裁きのとき以外に起きる、単なる死体の甦りという記述は見当たりません。イエスの時代には、この世の終わりが近づいているという同時代の感覚から、体の甦りの信仰が一般に広まっていました。イエスがラザロを甦らせた奇跡や、イエスの復活は、その体現だったと言えます。しかしキリスト教では、ただ単に死体が甦ったという解釈ではなく、終末のときに死すべき体が甦り、それが朽ちない霊の体となるのです。（一コリント十五章）ここには「死んだら土に帰る」という身体観・宇宙観とは異質なものがあります。新約聖書では、創造主に属する霊（プネウマ）の世界が関心の中核となり、「肉と血は神の国を受け継ぐことはできない」という教義に結実したのです。

このように魂と霊を重視する傾向は、キリスト教会が営々と造り上げてきた歴史でもあり、尊重すべきでしょう。私自身、祈るときには座禅のような姿勢はとらず、ものごころついたときから続けていた内面的な祈りの型に沿って祈っています。これを意識的に無くすことはできないようです。ただ、いまこの講座で学んでいることとして、キリスト教では魂や霊という世界と肉体とが分けて捉《とら》えられたことによって、肉体を下位の対象とみなす傾向が進んだことは事実です。また教会建築も、一般的には死を連想する象徴や極彩色の装飾を避け、五感や肉体の関わりを薄め、太陽の光を希求する構造になっています。イエスが生きた死・病気・腐臭のリアルさ、またその中での祈りとは、向いている方向が異なります。清く（軽く）保たれるべきプシュケーの世界、内面の祈りへの極端な集中。ここには大きな断絶があると言ってよいでしょう。

3◆ヘブライ語聖書の生命観

少しだけ、ヘブライ語聖書の生命観について概観しておきましょう。

教会学校では、聖書の生命観は、天地創造・アダムとイブ・ノアの方舟といった順序で説明されます。天の父なる全能の神様が、まず天と地とを創られ、自分の形に人間アダムを創ってすべてを支配させた、というストーリーです。大人になると、これに神の言《ことば》（ロゴス）という観念が入ってきます。「初めに言があった。言は神と共にあった。言は神であった。この言は、初めに神と共にあった。万物は言によって成った。……」（ヨハネによる福音書一章一節）キリストはこの言《ことば》（ロゴス）であり、原初から神と共に創造にあずかり、すべての生命を司っているというのです。しかし現代人にとっては、人間だけが特別だとか、創造が言によって為されたというストーリーは合理的には受け入れにくく、少なくとも私自身の身体観・生命観とは矛盾します。教会の門を閉じて、創世記は文字どおり真理であると盲信するならば、アダムとイブの物語から世界を断ち切っていけばいいのですが、この世界に生きる以上、そのような思考停止は許されないと言えるでしょう。創世神話がいくつもの資料の寄せ集めであることは、言語学的・歴史学的な研究によってすでに明らかで、バベルの塔やノアの方舟の原形は他民族の神話からの引用であると考えるべきです。

創世記は、主に3つの異なる出自の文書から成っているという説が、これまでの神学の主流でした。今も説得力の強い学説なので、参考としてあげておきます。[16] この講座では、ヘブライ語聖書の中核的な人間観・生命観にせまりたいので、天地創造の神話から離れて考えていきたいと思います。天地創造の神話以外のところで語られる、ヘブライ語聖書の人間観・生命観について、ここでは概観します。

16…神の名をヤハウェ(Jahawe)とする系統がまず紀元前九五〇年頃、ダビデ・ソロモンの王国時代に出現していました。ヤハウェは擬人的に描かれています。また神の名をエロヒーム(Elohim)とする系統が、紀元前七五〇年までには北王国に出現していました。エロヒームは幻や夢や天使の形で描かれています。両者ともこの世界の創造や人間の起源には無関心で、イスラエルと神とのやりとりが描かれます。これらの系統が統合された後、王国が滅亡し、バビロン捕囚を経た後に祭司の編集による資料が追加されました。ここで天地創造・アダムとイブ、ノアの方舟という輸入物語が冒頭に追加され、年代記的な聖書の原形が完成した、という説です。創世記、出エジプト記、レビ記、民数記、申命記はモーセ五書と呼ばれ、ユダヤ教のもっとも重要な聖典です。より詳しく知りたい方は…… フォン・ラート著　山我哲雄訳『ATD旧約聖書注解　創世記』(ATD・NTD聖書註解刊行会)、ミルトス・ヘブライ文化研究所編『ヘブライ語聖書対訳シリーズ　創世記』(ミルトス)

まず第一に、人間も他の生物も、その出自は一神教の父なる神との関わりで語られます。主要な関心は、世界の成り立ちではなく、できあがった世界における父たちの系譜(アブラハム、イサク、ヤコブの神)や、神とイスラエルとの関係、犠牲のささげ方であり、すべてがיהוה אלהיםアドナイ・エロヒームとの関わりに収斂します。日本語に訳された散文として聖書を読むと、ほとんど体と無関係の内容で、延々と系図や律法や神を讃《たた》える詩が続くだけに見えます。

ところが使われる語彙《ごい》は、非常に身体的・具体的です。お腹、子宮רחם（レヘム）は八二回出てきますが、この変化形が日本語では「憐れみ」と意訳されます。神は、וְרִחַמְתִּי אֶת אֲשֶׁר אֲרַחֵם「私は憐れもうとする者を憐れむ」（出エジプト記三三章十九節）と宣言するのですが、これはヘブライ語から直訳するなら、「お腹する者をお腹しただろう」です。「未来にお腹した」という表現で、すでに未来において成就が確約された憐れみを宣言します。「お腹した」の感覚は、日本語ならば「腹が立つ」とか「腹を割る」といったところでしょうか。他にも体の語彙は多く、「神の鼻」といえば、神の怒りのことです。慣用句の持つ具体的な身体イメージが、翻訳によってほとんど消えてしまっているのが残念です。

父なる神が非常に強いため、母や女性の出番は二次的です。男たちの戦いや政治の記録が延々と続き、たまに女性が顔を出すていどと言ってよいでしょう。日本の記紀神話とくらべると、イザナギ・イザナミの男女の対等な語りや、ホムスビノカミのリアルな出産シーンや、アメノウズメの裸踊りの描写といった世界は、注意深く避けられています。現代のイスラエルでも、歌舞伎町や中洲のような町並みは御法度で、宗教的な居住区では女性が肌を露出して歩くのは違和感があります。

そんな制約の中でも、注意深く聖書を読むと、土אדמה（アダマー）や知恵חכמה（ホクマー）は女性形で、創造のストーリーの背景にある産む力としての女性像が見えかくれします。つまり最初の人間アダムは、女性のアダマー（土）から創られたという解釈が、文法的に可能なのです。また周辺の諸民族の神話には、世界を産み出す力を女性神に求めるものが見うけられます。ヘブライ語の知恵（女性）が世界の創造に最初から加わっていたことが、控えめにですが、擬人的に表現されています。知恵が「私」として語ります。

ヘブライ語◆箴言八章十二節―三二節から

私は知恵、熟慮と共に住み、知識と慎重さを備えている。……

ここから אני חכמה שכנתי ערמה ודעת מזמות אמצא

深淵が無かったとき、私は産み出されていた、水がみなぎる泉もなかったときに。

ここから באין תהמות חוללתי באין מעינות נכבדי מים

ヘブライ語聖書全体を通して、父なる神とイスラエルとの関係が前面に強く出ているため、女性に関連づけられた生命の表現は、あくまでも神のしばりの下で表には出ず、語彙《ごい》の端々や擬人化された知恵の形になっていると考えられます。意識的に編纂された箇所では父なる神が世界の中心にいるのですが、そのストーリーを作っている語句の端々に、女性としての土や知恵がしっかりと居るということです。

4◆日本語で語る私の生命

最後に、命の循環への目眩《めまい》に立ち返って、ここまでの学びについてひとこと。私の体験から見て、現代の日本語で語られる生命観には、出産と死を抜きにしたものが多いと感じます。自分がどういうふうに生まれたか、祖母・祖父はどのように死んだか、生活の中にこれらを見ることも語ることもないまま育つのに、生命を語れといっても無理でしょう。生と死が処理される病院では、生まれてくる子の生きようとする力を待つことなく、ちょっと血液の流れが乱れると吸引分娩をするので、もっとも大事な第一呼吸が乱れたまま、人生をスタートすることになります。死の場面の問題でも、延命治療を優先するあまり、心臓が止まってからようやく魂を送り出すので、ゆっくりと死んでいくことができなくなっています。どちらも生と死を処理するばかりで、近くでただ見守るという命との関わり方がありません。

おそらくキリストの理解についても、同様の問題が生じています。魂や心に関わる言葉に、どれだけ生命の営みの感覚が裏打ちされているでしょうか。何も「血を見ろ」と言っているのではありません。ヘブライ語に明らかだった息や内臓や子宮の感覚を無視して、身体の感覚を排除して、いくら悔い改めなさいと言っても、それでは腑に落ちないのです。永遠の魂とか神の霊とか言っても、それでは「生きる」「息をする」という実際の生命営みから離れたままだからです。教会の伝統は尊重しますが、ヘブライ語聖書に基づく学びとして、「わが喉（息）よ、主をたたえよ、忘れるな、主の計画の全てを」という感覚を伝えておきたいものです。

ヘブライ語聖書が、強い現世肯定と生きる意志、多くの具体的な身体表現に満ちていると言いました。現代の日本語の世界に直訳で持ってきても、意味不明なことが多いです。これをキリスト教の魂や憐れみ、悔い改めといった抽象的な言葉で押し付けても、さらにわからない袋小路に入っていきます。ヘブライ語聖書に堆積したさまざまな観念を説明して、今日の日本語世界にわかりやすくダイレクトに結びつけることで、明解になります。とくに身体の感覚は、現代生活からは遠ざけられがちなので、注意が必要でしょう。ヘブライ語のベテン（腹部の意）を突然「丹田」などと訳しても、現代の日本語世界にとって遠い身体感覚だからです。

もし日本語で私の生命を語るとしたら、まずは実際に呼吸してきた世界のことがらを言葉にします。自分が関わった生老病死の現場の話が語られなければ、プシュケーだとか罪深い私といった、自分から遠いところの抽象的な何かを作ることになってしまうからです。身の回りから語り、つぎに祈るときの呼吸や姿勢に注意して、やっとプシュケーや魂についての思索が始められるのだと思います。ヘブライ語聖書の身体感覚や、イエスの「神に顔を向けよ（悔い改めよ）」という姿勢直しのメッセージは、こうした生活や祈りの基礎としだいに結びつき、ようやく腑に落ちていくのではないでしょうか。少なくとも私はそう気づかされました。

コラム

講座での語りから、「悪魔っているんでしょうか」

ラウムでの講座には、ほんとうに個性的な人たちが集まります。なかでもKさんという女性は、長く幻覚や不眠に悩まされてきた方で、新約聖書の終わりにあるヨハネの黙示録に強い興味を示しています。Kさんの幻覚には、黒猫が突然飛び出してきたり、世界がひっくり返るような重いものもあり、昔だったらとっくに巫女のような宗教者として生きていた人です。講座が悪魔《サタン》の話になったとき、Kさんが私に聞きました。

「悪魔っているんでしょうか？」

この質問への回答は、一筋縄では行きません。Kさん自身の生きてきた道のり、今も悩まされる幻覚、ヨハネの黙示録の解釈、そして現代のキリスト教の悪とは何かという問いのすべてが含まれているからです。私の回答が、うわっつらだけの悪魔に関する説明だけならば、Kさんの質問に答えたことにはなりません。ヘブライ語の知識を基にした、Kさんの生き方への私なりの回答が求められています。ほどよい緊張が部屋全体にいきわたる、対話の時間です。サタンとKさんをめぐる禅問答のような対話が続きます。

山口　「サタンはヘブライ語ではもともと『敵対する者』という一般名詞でした。ひとりの人格のように語りだすのは、ヨブ記や創世記といった後の時代の書物になってからです。……悪とか罪とかいった感覚が世の中に蔓延して、どうにもならなくなって、ヘブライ語のハ・サタン（あのサタン）と呼ばれる人格が語りだしたんじゃないでしょうか」

Kさん　「じゃあ黙示録のサタンは何ものですか」

山口　「サタンだって、やりたくてサタンをやってるんじゃないと思いますよ」

Kさん　「ああ、それならわかります」

講座に参加している他の人たちも、回答の中身や応答のしかたについて、それぞれ深みのあるコメントを続けてきます。講座というよりも、奇妙キテレツな座談会です。

【第4回】

病気なおし、神に立ち返るということ

1◆宗教と病気なおし、私のテーマとして

イエス・キリストは、多くの人々の病気をなおし、「神に立ち返れ」というメッセージを伝えて、その激しく短い生涯を終えました。新約聖書は、イエスの病気なおしと数々の奇跡への驚きを中核としてできあがった聖典で、その中核の周りに様々な神話・逸話や後世の神学が幾層にも重ねられてできています。繰り返しますが、その核心はイエスが行なった病気なおしと数々の奇跡への驚きです。私はその核心に気づかずに、キリスト教神学を頭でいじくりまわして学んだ気になったり、教会で聖書の解説もどきをしてきました。「論語読みの論語知らず」だったわけです。それが息子の病気、妻の病気、自分自身の病気というレッスンを与えられて、今ようやくイエスのメッセージを知る入り口に立たされています。十代、二十代に学んだことが、ようやく腑に落ちつつあるということです。だからこの講座は、私自身の学びなおしの場でもあるのです。

病気なおしと宗教は、密接な関係にあります。◆17

17…現代の医療と宗教の関係について考えるには、手かざしのような信仰治療だけを見ていても、問題の根にたどりつけないと思われます。昔ながらの宗教から離れた人々が、病院の中で死んで行くときの心の問題。手かざしの信仰に生きた人が、あっけなくガンで死んで行くときの教団の問題。アルコール中毒の人たちの支え合い。こういった現代の状況について、詳しい調査と的確な解説をしてくれる本は、意外と多くありません。お勧めできるのは、島薗進編『つながりの中の癒し　セラピー文化の展開』（専修大学出版局）

例えば世界救世教の岡田茂吉は、観音様の化身となって多くの人々の病気をなおしました。それが様々な浄霊信仰の新興宗教の始まりになりました。◆18

18…岡田茂吉の足跡は、世界救世教やMOA Internationalのサイトに詳しく載っています。なかでも観音の光を腹に宿して、その力によって多くの病人を治したことが、後の清明教や世界真光文明教団の病気なおしへとつながって行きました。世界救世教の系統については、『新宗教教団・人物事典』（弘文堂）に系統図があります。

また、私が所属するイトオテルミー親友会も、核心にはテルミー発明者である伊藤金逸《きんいつ》博士の観音信仰がありました。博士は観音様に導かれてテルミーを発明し、後に宗教法人福徳教会《ふくとくきょうかい》を興しました。それは太陽の熱循環を生命の基本原理とする、病気なおしの宗教です。（コラム　イトオテルミーと伊藤金逸博士を参照）　キリスト教では、いまでもルルドの泉やフィリピンの信仰治療が有名です。もちろん病気なおしを前提としない宗教もたくさんあります。ただ、「病気がなおった」という喜びは何ものにも替えがたく、ときには「子どもの病気がなおるなら」という理由で自分の身体を痛めつける荒行にまで至ることがあります。この説明しがたい心情、そして病気がなおった奇跡を目の当たりにした驚き、これらを病気なおしと宗教というテーマで見て行きたいと思います。しつこく繰り返しますが、新約聖書の核心はイエスが行なった病気なおしへの驚きです。キリストの理解とは、イエスが行なった病気なおしを深く自分のこととしなければ、意味の無い耳学問に陥ってしまうでしょう。

今回は、キリストをとっかかりとして、現代における医療と宗教の関係について考えてみたいと思います。イエスの病気なおしの奇跡や、「右の頬を打たれたら、左の頬を向けよ」というメッセージ、この一見するとバラバラの出来事が、いかに私たちひとりひとりの生命に関わっているのか。たんに哲学や神学の専門用語できれいに説明づけるのではなく、イエスの周りで何が起きていたのかを考えてみましょう。私なりの結論を先取りして言うならば、病気を自分の一部として、または与えられたレッスンとして受け入れる態度、つまり我執を手放しなお生きる意志があるところに、病気なおしの奇跡があったのだと考えています。現代の医療が、この「受け入れる」という態度からどれほど遠いところにあるのか、これについては九州大学での私の課題でもあるので、3の「現代の生と死」のところでいっしょに考えていただきたいです。ヘブライ語聖書の学びから遠いようですが、ご自身の病気や病院での体験を振り返って、何が本当の医療の問題なのかをここで考えてほしいのです。その作業があって、はじめてキリストの理解が本当の理解になって、耳学問でなくなるのだと私は思っています。これが「腑に落ちる」ということでしょうか。

2◆イエスの奇跡、何が起きていたのか

イエスは四〇日の断食の後、サタン[19]に試みられ、この世界の支配者になる誘惑を受けたり、神を試すようそそのかされたりしました。

19…サタン שָׂטָן はヘブライ語です。もともとは敵対する者という普通名詞でしたが、後に定冠詞をともなったハ・サタン הַשָּׂטָן となり、人格をもった悪玉としてヨブ記や創世記に登場するようになりました。これが日本語で言う「悪魔《サタン》」となりました。ただしヘブライ語聖書の中のサタンは、映画『オーメン』に出てくるほど強くはなく、神の制限の中で動き回り、神から人間の心を背けさせる悪玉として登場します。

そのとき彼は「サタンよ去れ」と言って誘惑を退け、その直後に天使たちから祝福されました。（マタイによる福音書四章）その後イエスは十二使徒を選び、数々の奇跡を行ない、「神に立ち返れ」というメッセージを世界に伝えて行きました。このストーリーについて実話かどうかを議論するのは、現代では無意味です。むしろこのストーリーが聖典に残されてきたことについて、自分なりに考えてみることに意味が在ると私は思います。

イトオテルミーに出会うまで、私はこのストーリーを単なる研究対象もしくは神学の資料として扱っていました。イエスの断食とサタンの誘惑の話は、自分から遠い世界の

ことだったわけです。イエスの断食に似た話は、イトオテルミーが創られたときの逸話にもあります。テルミーがどのように誕生したかというストーリーです。発明者の伊藤金逸博士は、医者・近代の科学者としてどうしても治せない病気が多いことを嘆き、九三日の断食をしました。医者としての自分に深く向き合ったのです。そして断食最後の日に、幻視の中で観音さまからテルミーの冷温器のイメージを授かったのでした。だから本来の名称は、「観音授イトオテルミー冷温器」といいます。金逸博士は冷温器を改良し、その後多くの人たちを病気の苦しみから救っていったのでした。科学者として、また宗教者として、博士のメッセージの中核は「医宗一如光《いしゅういちにょこう》」つまり「医療と宗教は本来ひとつ」でした。テルミーの療術師になる者は誰でも、テルミー誕生秘話という小冊子を持っていて、右の観音さまの話を学びます。私の息子・妻・そして私自身が病気から救われ、今はテルミーの療術師として生きようとしています。

話が二つにまたがりましたが、イエスと伊藤金逸博士に共通することは、断食の中で自分と向き合い、神や観音の世界を通過して、当時の常識では考えられない奇跡を起こしていったことです。私自身は、四〇日・九三日の断食をしてまで「何かを解決したい」という生き方をしていませんし、そういう世界に自分を投げ込むマグマが内面に沸騰していない、というのが本当のところです。ただ、テルミーで病気を治していただいたことの喜びと感謝は大きく、その一点でイエスとサタンの話が腑に落ちているのです。つまりイエスや伊藤金逸博士のような人々の苦しい修行のおかげで、大きな力がこの世界に発動されて、いまの楽な自分があるんだな、という実感です。この理解の地平では、イエスの断食の話や伊藤金逸博士と観音さまの話が実話かどうかといった議論は、たいした意味を持ちません。それぞれの話は、どこか遠くの物語ではなく、私の喜びという実感の中ですでに真実だからです。

以上は私の体験世界での聖書の読み方ですが、イエスの病気なおしの話には、それぞれの読みがあると思います。以下では具体的にひとつのストーリーを読み、それを聖書ヘブライ語の世界の文脈で学びましょう。自分勝手な解釈ではなく、イエスが生きた文脈で病気なおしの奇跡を理解する試みです。

マルコによる福音書には、第一章から延々と病気なおしの奇跡が描かれて行きます。新約聖書の中で、マルコによる福音書はおそらく最初に編集されたもので、イエスの死後およそ二〇年たってまとめられたと考えられています。[20]

冒頭の見出しを並べてみましょう。

第一章　洗礼者ヨハネ、教えを宣べる／イエス、洗礼を受ける／誘惑を受ける

ガリラヤで伝道を始める

20…新約聖書が生まれるころの歴史について、個人的にお勧めの本は、加藤隆『新約聖書はなぜギリシア語で書かれたか』（大修館書店）。

四人の漁師を弟子にする
汚れた霊に取りつかれた男をいやす
多くの病人をいやす
巡回して宣教する
らい病を患っている人をいやす

このように、病気なおしの奇跡が第一章から続きます。今日は第三章の冒頭にある、手の萎《な》えた人をいやすを読んで、その背景にあった病気観やイエスのメッセージの中核に触れましょう。ヘブライ語聖書の世界を知らないと、勝手な解釈をしてしまうところです。

第三章

イエスはまた会堂にお入りになった。そこに片手の萎えた人がいた。人々はイエスを訴えようと思って、安息日にこの人の病気をいやされるかどうか注目していた。イエスは手の萎えた人に、「真ん中に立ちなさい」と言われた。そして人々にこう言われた。「安息日に律法で許されているのは、善を行なうことか、悪を行なうことか。命を救うことか、殺すことか。」彼らは黙っていた。そこで、イエスは怒って人々を見回し、彼らのかたくなな心を悲しみながら、その人に、「手を伸ばしなさい」と言われた。伸ばすと、手は元どおりになった。ファリサイ派の人々は出て行き、早速、ヘロデ派の人々と一緒に、どのようにしてイエスを殺そうかと相談し始めた。

このストーリーは、イエスが片手の萎えた人を治してしまった奇跡です。この背景には「安息日には仕事をしてはいけない」というユダヤ教の律法があります。ファリサイ派の人々は、この律法をたてに、イエスを試したのです。つまり安息日にイエスが病人を治したら、律法違反になるので、イエスを訴えることができます。イエスが「彼らのかたくなな心を悲しんだ」のは、神に立ち返らない人間どうしの憎しみ、そして神の律法をそのような争いの道具に使う心持ち、そういったかたくなさへの悲しみです。イエスは、神に立ち返らない人々を悲しみながら、律法の瑣末な解釈とはまったく異なる地平で安息日に善を行い、病人を治しました。

といっても、この読み方は後のキリスト教会側からの編纂です。つまりイエス崇拝の立場から見ると、ファリサイ派は神から遠い律法主義者として描かれてしまうのですが、これはファリサイ派の当時における姿を正確に表してはいません。ここに気をつけないと、キリストの理解から遠い盲信に陥ります。ファリサイ派とは、ヘブライ語ではファリシュアで、「分離主義者」といった意味です。自分たちだけが他の人々から離れて神の前に正しい、といった意味でしょう。しかしこれは反対者たちからの蔑称で、自称はハベリーム（仲間たち）でした。ここが大切です。

ファリサイ派の起こりは紀元前二世紀、ユダヤ教の学者階級から出たもので、イスラエルに与えられた神の律法を厳格に守って生活していました。そのハベリーム（仲間たち）は、ローマの支配や自文化のギリシア化に強く抵抗し、律法による正しいイスラエルの生活を実践したため、支配者側に近く現実的なサドカイ派とは対立しました。自らを律する姿のためか、ファリサイ派の人々は民衆からの信望を得ていたようです。イエスと同時代の大学者ガマリエルもファリサイ派出身で、指導者たちが彼の言葉に従ったことが記録されています。（使徒言行録 五章三四節）新約聖書だけを読むと、ファリサイ派やヘロデ党が悪玉で、身勝手さからイエスを殺したことになっていますが、実際にはそれほど単純な構図ではありません。そのような勧善懲悪の構図の中にイエスの教えはそもそも当てはまらないのです。十字架刑という極刑に至るまでには、律法違反や政治的対立だけではなく、イエスに対する民衆の熱狂と失望、妬み、そして歪んだ心持ちがあったと考えるほうが明解だと私は思います。当時のエルサレムには、ローマ帝国に支配される閉塞感が蔓延し、ある種のスケープゴートを求める心持ちがあったことは否めない事実です。

イエスの集団は、当時の体制から見れば病気なおしの奇跡を行いながらさまよう過激な人々で、神の律法を破って「イエスはメシアだ」と流言するグループでした。ヘロデ党やサドカイ派といった支配者側から見れば、社会不安を起こす好ましくない集団でした。また律法を生真面目に守るファリサイ派から見れば、神を冒涜する悪の集団でした。

しかし多くの流民とともに移動し、病気なおしを次々となしていくのだから、社会の閉塞感を打ち破る、奇跡の集団だったとも言えます。

実際にはファリサイ派の生き方は、イエスの集団に近いものがあったのですが、イエスから見ればファリサイ派の律法遵守の行為は偽善でした。イエスのメッセージの中核は、「神に立ち返れ」でした。（第5回参照）イエスは、律法を自分のこととして全能の神に立ち返れと、預言して回ったのです。イエスの祈りは、「自分の部屋に入って戸を閉じて……あなたの父に祈りなさい」（マタイによる福音書六章六節）というもので、自分と神の関係をベースにしていますが、イエスから見たファリサイ派主流の祈りは「人に聞かせるために辻に立って行なわれる」もので、自分と神の関係ではなく、偽善だったわけです。このような社会的背景と宗教的な対立があって、マルコによる福音書の病気なおしの文が書かれたのであり、単純な善玉・悪玉の対立や奇跡の物語とは異なるものとして読み解く必要があるでしょう。

このストーリーが書かれた発端は、イエスの奇跡への驚きです。書いた人の解釈が強く出ています。つまりイエスの内面の描写「彼らのかたくなな心を悲しみ」という一文は、書いた人の解釈です。かたくなな心というのは、安息日の病気なおしを認めない頑固さのことだけを指しているのではありません。神に立ち返れというメッセージが届かない、偽善に満ちた心のことを言っています。つまり神が与えた律法をわがこととせず、単なる「守るべき教え」としか見られず、そこにはまり込んでいる心の在り様です。そのかたくなな心をイエスは「悲しんだ」のであって、力づくで反対したりはしませんでした。聖書のこの箇所を書いた人は、病気なおしの奇跡物語をただ書き残したのではなく、そこにイエスの生き方・この世界との関わり方を自分なりに、「悲しんだ」の一言で描き出したのです。また書いた人にとって「ファリサイ派」とは、閉塞した時代状況でかたくなになってしまった心持ちを表してもいました。神の掟を守ることに固執するかたくなさです。イエスはこうした人々の痛みや苦しみを一身に引き受け、四〇日の断食行を成し、その力によって病気なおしの力を得て奇跡を起こしていきました。

ひとつ付け加えておくべきこととして、第2回のメシア像はこのストーリーとどう関係するのか、ということがあります。第2回を復習しながらまとめます。イエスをイスラエルの王国を復興する者、つまり「救民者」としてのメシアと見る人々が多く、弟子たちも同様に、神の王国の復興の時期についてイエスに問いただしました。ところがイエスは終末の到来を預言し、この世の王国は終わること、偽メシアが現れること、目を覚まして終末が来るのをじっと待っているようにと伝えました。この預言は王国の救民者を期待していた人々を失望させました。イエスは救民者としてのメシア像を自ら否定し、自分の役割を「神に立ち返れ」と述べ伝えるメッセンジャーとして、十字架刑の最期まで生きたのです。イエスの生き方や病気なおしの奇跡によって、十一人の弟子たちが強い宗教体験に導かれ、新しいメシア像を作り出すキリスト教会が生まれました。教会はイスラエル王国の救民者というメシア像を更新して、全世界の人々を終末の審判から救い出す救世主の像としました。最初は非常に少ないユダヤ人だけの集団でしたが、しだいにユダヤ教の選民思想から離れて、ギリシア語によって地中海世界に広まり、やがて現在の「メシア＝救世主」とする世界宗教になっていきました。

今日のキリスト教会の定説では、イエスこそが救世主のメシア（ギリシア語のキリスト）であり、神が約束した新しい契約そのものです。だから旧い契約（旧約）に対して、新しい契約（新約）の聖書と言います。キリスト教の聖書は、イエスこそがメシアだという信念に基づいて書かれました。だから安息日に手の萎えた人を治したイエスの行いは、安息日に仕事をしてはいけないという律法を乗り越える、メシアの行ないそのものだということです。◆21

21…イエスの死後、弟子たちの間で安息日律法を遵守するかどうかという議論が起こりました。ユダヤ人として、安息日に仕事をしない習慣が身についていたからです。この実際的な問題に答えていく形で「イエスは律法を乗り越えた」というストーリーがしだいに整備されたとも言えます。初期の教会では安息日を守るかどうかという議論が続いたのですが、それを超えた存在のメシアとしてイエスの奇跡や出生のストーリーが整備されたのでしょう。手の萎えた人をイエスが治した奇跡は、マルコによる福音書では安息日の議論の後に置かれていて、議論を決着させる配置になっています。ここには後世の教会による編集の跡が見えます。「安息日を守れる人たちは守りなさい。救世主イエスを受け入れて、自分と向き合うところに幸いが訪れる」というのが教会の一般的な教義です。

イエスはイスラエルの王国を復興する者などではなく、律法に書かれた隣人への愛を実際に行う者でした。

現代の日本の社会では、「神がイスラエルに与えた律法」という感覚は理解しがたいと思います。だからイエスとファリサイ派との対立や、安息日の世界も遠い物語と言えます。病気とのつきあいの中でようやくイエスの断食と病気なおしの力に気づかされたことで、私の場合、遠い物語が自分に近いものとなりました。しかし身近になったからといって、理解を伴わない身勝手な解釈では、ファリサイ派のかたくなさを悪玉として固定させてしまうような、新たな自分のかたくなさを作り出す悪循環にはまります。律法やメシアの遠い世界が、ヘブライ語および同時代の背景に基づいて学ぶことで、より明解な理解に至り、身近になり、腑に落ちるようになれば幸いです。冒頭の私の解釈に戻れば、メシアの奇跡はどこか遠くの物語ではなく、病気が治ったという私の喜び・実感の中で真実だと言えます。イトオテルミーの病気なおしの様々な話も、およそ二〇〇〇年前のイエスの奇跡も、同列に喜びだということです。

コラム

イトオテルミーと伊藤金逸《きんいつ》博士

イトオテルミーは、一九二九年に伊藤金逸博士によって発明された温熱刺激療法です。冷温器と呼ばれる真鍮製の円筒二本に、線香のような熱源を入れ、冷温器によって皮膚から熱刺激を与えます。この冷温の刺激と温める作用によって、自発的な治癒力を高めるのです。金逸博士の九三日にわたる激しい断食によって、観音さまから授かったものです。博士は帝国大学で近代医療の教育を受けた医師でしたが、当時最新の医療技術でも治らない病気と、患者さんたちの苦しみやうめきに向き合って、断食修行へと導かれたのでした。

現在、組織としては任意団体のイトオテルミー親友会を基盤とし、伊藤金逸博士の孫の伊藤元明氏を会長として、日本全国に支部二三〇、会員数約十万人を数えます。観音信仰や太陽熱循環を基礎にした体系から出発しましたが、現在は観音信仰を離れ、家庭健康療法として未病との関わりや自然治癒力への働きかけを説いています。イトオテルミーの説明の詳細は、イトオテルミー親友会のウェブサイトに詳しく載っています。

http://www.ito-thermie.or.jp/

私自身、三十四歳のときに体がおかしくなったとき、このテルミーと出会ったおかげで救われました。医療と宗教について、自分の問題として考えるようになったのも、テルミーのおかげです。

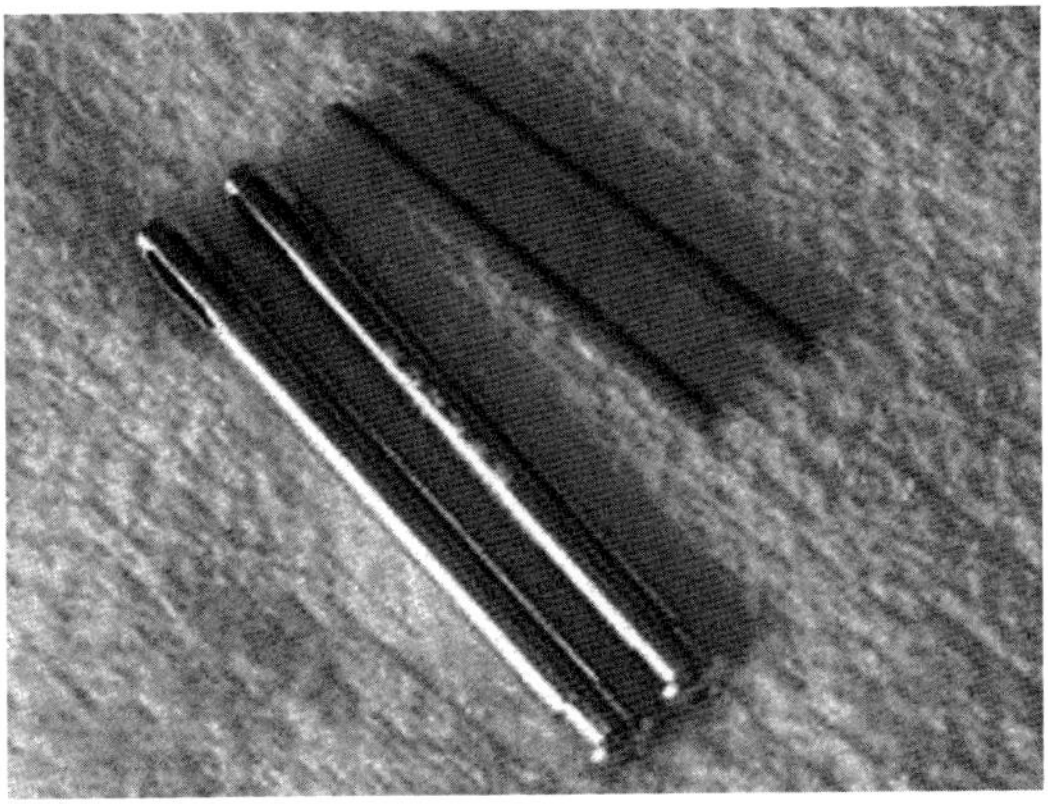

冷温器

【第5回】

祈りのことば、隠れたところにいる神

1◆イスラエルの祈り　一神教と祈りの型について

1・1　祈りの型、真摯な祈り

祈りには、般若心経や瞑想のように一定の型があります。自由に祈っているつもりでも、型をまず身につけて、そこから自由になっているのです。祈る相手が父なる神なのか、お釈迦様か、それとも助けてほしい誰かなのか、相手などなくて、祈りの言葉や呼吸法に自分の身をまかせるのが本意なのか。いずれにしても祈りを生活の基本に置く人には、一定の型があります。私の場合、最近は朝食の前に、言葉のない短い瞑想をします。息子の果南《カナン》はキリスト教の幼稚園に通っていたころ、いつのまにかハンニャハラミタからアーメンに型が変わっていました。私も息子も、誰かから型を受け継ぎ、それに基づいて神さまや自分に向き合っています。今回は一神教のイスラエルの祈りと、イエス・キリストの祈りについて、ヘブライ語の祈りの型から学びます。

昔も今もユダヤ教徒は生活習慣の中に祈りの型を持ち、おはようの挨拶から朝食、会議、聖書の学び、昼食、夕食、就寝前と、それぞれに決まった言葉を使って祈ります。

今日はその具体例を実際に読み、それからイエスの祈りを学びましょう。イエスが弟子たちに与えたとされる祈りは、本来はヘブライ語でなされたのであり、彼らが生きていたヘブライ語聖書の世界の祈りなのです。この事実を見過ごして日本語で主の祈りをいくら学んでも、得るものは少ないです。

第1、2回では、メシアやキリストという語を中心に、ヘブライ語聖書の世界を学びました。ちょっと復習しましょう。日本に輸入されたメシア（救世主）の観念は、旧約聖書の祈りの言葉からはとても遠いところにあります。日本語のメシアは非常に抽象的です。イスラエルでは、長い苦難の歴史を経てメシア（ヘブライ語で משיח マシーアッハ）が「王国を再建する救民者」となり、今もその希望は続いています。エルサレムの街角には大きな顔写真があって、「この人こそマシーアッハだ！」という信仰の型が見られます。彼らのメシアは、歴史や身近な人名・地名と直結していて具体的です。これに対してキリスト教では、人名・地名から離れた存在としてキリストの像が創り上げられていきました。イエスは弟子たちによって、全世界の罪を背負う贖罪の小羊としてのクリストス（救世主、ギリシア語）となり、さらにそのメシアがラテン語・ドイツ語・英語へとしだいに翻訳されるにつれ、ヘブライ語の世界から離れて行きました。そのクリストスが、日本語の抽象的なメシア＝キリストの原型になっています。

抽象的な救世主としてのイエス・キリストは、しばしば白人のイメージで絵画などに描かれ、どう見ても中近東の暑苦しい男の顔ではありません。それはヨーロッパ社会に根づいたイエス像なのです。日本では、最近になってようやく、「わたしにとってのイエス」とでも呼べるような、女性的なイエス像が当たり前に流通するようになりました。見た目はともかく、ユダヤ人であったイエスが、やまとことばで表された「救い主キリスト」へと土着化するのは、教会教義の説明によるのではないと私は思います。むしろひとりひとりの真摯な祈りにあって、祈りの型として受け継がれるところにあるのでしょう。かつて仏教のブッダが日本語のホトケサマと結ばれていった過程と同様に、よんどころない瞑想や祈りが先で、そこに救い主キリストの像が何世代もかけて着地するのではないでしょうか。私にとっては、イトオテルミーの病気なおしの観音様が、イエスのメッセージと矛盾することなく結びついて（前回の「ゆるみ」のことです）、やや異色のイエス像が出来つつあります。

真摯な祈りと簡単に書きましたが、現代人にとってこれがとても困難な状況があります。これについては最終回で学びましょう。

1・2　一神教の祈り＝神への応答

日本のアニミズム[22]や神道と比較して、イスラエルの神は唯一全能の父です。

22…アニミズムという語は、十九世紀の宗教学者E・B・タイラーという人が神観念の起源を説明するために用いたものです。有霊観や霊魂崇拝と訳されます。「神観念の起源は一神教なのかアニミズムなのか」という議論の中で、タイラーは教会教義や一般常識に逆らって「アニミズムが先」と主張しました。二十世紀に入るとどちらの主張も成立しないことが判明しましたが、そもそも十九世紀イギリスの一神教（キリスト教）を背景にした議論なので、現在の私たちから見ると議論そのものはナンセンスです。ただ、アニミズムという語は今でもよく使われます。

日本の宗教学などでは、タイラーの近代キリスト教を前提とした「霊」という観念から離れて、独特のカタカナの「アニミズム」という用語ができあがり、現代の日本におけるさまざまな行動様式や芸術表現の説明に使われたりもします。注意してほしいのは、「日本人はアニミズムを基底に持っている」といった荒唐無稽な日本人論です。「森の精霊から語り掛けられている」といった直感は、私も感じるほうなので、アニミズムという捉え方は否定しません。でもそれを一般化して「日本人はアニミズム」と言うのは、とても危険です。同様に、「ユダヤ人は選民思想の一神教」と断じるのもおかしいのです。ちなみにアニミズムという用語は、最近では宮崎駿アニメの批評で頻出しました。

日本の古事記や日本書紀では、人間は物語にいつのまにか登場して、神々と人間の関係はあいまいです。ヘブライ語聖書では、人間は創造の最後の日に神によって創られたものとして登場し、神との関係において堕落や罪といったテーマが展開します。この枠組みの中では、祈りは神との応答であり、「本来は知り得ないはずの神への語りかけ」なのです。そのため、祈りの行為そのものがすでに人間の能力を超えたことで、全能の神の恵みによって祈らせていただく、という解釈が基本です。キリスト教でも、「今日、こうして祈れることに感謝いたします」という一言がよく聞かれます。

イスラエルの祈りを考える前提として、創世記における言葉や名前の観念について触れておきます。創世記では神が「光あれ」と発言して、まず光が創造されました。神は言葉（דבר《ダバル》）によって創造し、神イコール言葉の源泉なのです。したがって神による名前付けが世界の秩序を保証しているという前提があります。これがユダヤ教・キリスト教・イスラム教の世界観と言葉観です。世界の始まりは神による創造であり、言葉は創られた世界から離れたところにある、という感覚です。ヘブライ語聖書には、しばしば「וַיְהִי דְבַר יְהוָה（主の言葉があった）」とあって、話の始まりを告げます。これに対し日本語では、すでにトコヨ（現代語では世界）はもともと在ったのであり、創造者を立てません。またトコヨの中に住まう神々は、名付けをしません。イザナギ・イザナミによるクニツクリ・クニウミは、天地創造というよりも性交や出産と結びついていて、イスラエル的な創造や名付けとはかなり異なります。日本語ではキチッとした世界の秩序（＝神々の序列）は語られません。一神教と異なって、世界の秩序と言葉による名づけとが、明確な関連性をもたず、言葉はフワフワと浮かんでいるイメージで発せられます。私たちはこちらの日本語世界に生きているので、祝詞《のりと》や読経《どきょう》に何らかの力を感じたり、また子どものテレビマンガに呪文を見つけたりしても、なんの違和感も持ちません。だから「神の言葉による世界の秩序づけ」という創世記的な言葉の見方を理解するには、想像力を働かせる必要があります。

1・3　イスラエルの祈りの型

イスラエルの祈りは、定型文が基本です。ヘブライ語を話せないユダヤ人たちの中には、自国語を使って祈る宗派がありますが、それでも定型文が基本です。どこのシナゴーグでも、必ずヘブライ語で唱えられるのが、シェマ（聞け）と呼ばれる下記の一文です。

ヘブライ語◆申命記六章四節
シェマ　イスラエル　アドナイ　エロヘヌー　アドナイ　エハッド
「聞けイスラエルよ、われらの神、主は唯一の主である。」
שְׁמַע יִשְׂרָאֵל יְהוָה אֱלֹהֵינוּ יְהוָה אֶחָד ここから

この一文は、熱心なユダヤ教徒ならば一日に何度も唱え、また祈りを記した紙を腕に着けています。また多くのユダヤ人の家の入口には、メズザーという小さな箱が着けてあって、その中にこの祈りを書いた紙が入っています。そのようにせよと、ヘブライ語聖書に明記してあるからです。エルサレムには、聖書に書いてあるとおりに額に着けて歩いているユダヤ教徒もいます。私がボストンにいたころ知り合った、週に一度シナゴーグに通うていどのユダヤ教徒は、紙を腕に着けていませんでしたが、上記の「アドナイエロヘヌー……」という文句は諳んじることができました。サンフランシスコに住む友人は、世俗的ユダヤ人で意識的にシナゴーグとは離れて生活していましたが、やはりこの文句は知っていました。

この祈りの内容は、排他的な唯一神教の信仰告白です。この申命記六章四節の定型句は、他の民族を殺してでもイスラエルは正しいのだという説教に続きます。いまのイスラエル政府の強硬な占領は、これを自分たちの根拠にしています。しかしシナゴーグで祈っているユダヤ人たちの姿は、それほど力の入ったものではありませんでした。親たちから受け継いだ言葉を、自分のよすがとしてたんに習慣的に唱えているように私には見えました。つまり戦う決意などではなく、親が祈ったように自分も祈っているという習慣です。この習慣を政治的・意識的に操作する勘違いが、悲しい戦争を産み続けているような気がします。

シナゴーグで祈っているユダヤ人たちの姿は、日本人が般若心経を意味もわからず唱えている姿に似ていました。定型文の祈りは、散文として読むと現代では無味乾燥でナンセンスなものがありますが、自分を支える習慣的な型として見直してみると、実は大事な働きがあると私は思います。この話については最終回でもういちど考えましょう。

イスラエルの祈りの定型文は他にもいろいろあります。多くの家庭で食事のときに長い祈りを唱えますが、これをカタカナで覚えておくと、ユダヤ人と会ったときに驚かれます。

ヘブライ語◆

バルーッフ　アター　アドナイ　エロヘヌー　メレッフ　ハオラム　ハモツィー
レヘム　ミンハアレツ　アメン

「ほむべきかな　なんじ主、我らの神よ　世界の王よ、大地からパンを取り出す者よ……」

ברוך אתה אדני אלהינו מלך העולם המוציא לחם מן הארץ אמן

ここから

1・4　テフィラー

ヘブライ語で「祈り」はתפלהテフィラーといいます。より正確に訳すと、「心底からの祈り」です。私たちが日本語で「祈り」とひとまとめにする行為は、ヘブライ語ではブラッハー（祝祷）、ハレル（讃美）、テフィラー（心底からの祈り）に細分できます。「神さま、助けて下さい」というのが典型的なテフィラーです。この文章もかなり定型化されていますが、多くの預言者やラビたち◆[23]は、自分の言葉なのか啓示なのか判別できない境地で神との交流＝テフィラーを行なっていました。（コラム　予言と預言　参照）

23…ラビとは、ユダヤ教の指導者、聖書学者のことです。紀元七〇年にローマ帝国によって国を滅ぼされたイスラエルは、離散の民として、ラビの教えに従ってコミュニティを守ってきました。現在のイスラエル国でも、ラビたちの教えや判例は、生活規範となっています。

これに対してブラッハー（祝祷）は、右記の「バルーッフ　アター　アドナイ　エロヘヌー（ほむべきかな　なんじ主、われらの神よ）」で始まる定型文です。祈りには型も大事ですが、心底からの祈りはときには大変な奇跡を起こします。祈りの型がどう自分の血肉になるのか、人に聞かせる祈りではなく、自分の部屋で人に聞かれないように祈る、そこを極めていったのが、イエスでした。

2◆イエスの祈り――主《しゅ》の祈りの原形、ひとりで祈ること

この講座は「キリストの理解」なので、ここでイエスが残していった祈りの言葉について学びましょう。イエスは形だけの祈りをする者を偽善者と呼び、神に戻ることを人々に訴えて十字架で刑死しました。（第1回と4回参照）イエスは祈りに関して言えば、いわばユダヤ教の改革者であり、神との対話を生きたテフィラーの人だったのです。

2・1　神に戻ること＝悔い改め

新約聖書を読む方ならば、日本語で「悔い改め」という語がよく出て来ることに気づくでしょう。イエスがガリラヤ湖で初めに伝えたメッセージは、「悔い改めよ。天の国は近づいた」でした。（マタイ四章十七節）悔い改めはギリシア語のメタノイア μετανοια という語の訳です。メタは「後で」とか「超えている」といった意味で、ノイアは、ヌース（考えや思い）の変化形です。つまりギリシア語では「考えを変える」という意味で、本来は宗教的な用語ではありません。それが初期のキリスト教の聖典の中で「悔い改め」という内面の転換の表現に使われたのです。ではイエスがもともと使っていた語は何だったかというと、ヘブライ語聖書の他の表現から推測して、シュブー שוב（名詞ではテシュバー תשובה、顔の向きを文字どおり神に向けて変えること）を含む表現だったでしょう。この語には、単なる内面の転換だけでなく、神という相手に向き合う姿勢が含まれてい

ます。つまり悔い改めは、自分の内面の罪を責めることよりも、神という相手を前提にしています。さらに言えば、「罪を悔い改める」という表現はヘブライ語には無いので、イエスが主張した悔い改めとは、後世のキリスト教会が唱え続けてきた内面的な罪の告白のことではなかったと言えます。むしろイエスが当時のユダヤ人に求めたのは、形だけでなく心から「神に戻れ」という祈りの姿勢だったのです。そのためイエスは、心から神を向かない形式だけの祈りや儀式に対してラディカルな攻撃をし、それらの主宰者であった祭司や学者たちから危険分子とされたのです。

2・2　ヘブライ語の定型文としての「主の祈り」

イエスは弟子たちに祈り方を教えました。イエスの弟子たちは卑俗な人々だったので、司祭や学者たちのように洗練された祈りを知らず、イエスに「祈り方を教えて下さい」と願いました。（ルカによる福音書十一章）そのとき教えたとされるのが下記の祈りで、現在「主の祈り」として広くキリスト教会で唱えられています。

日本キリスト教団の祈りの文から
天にましますわれらの父よ
願わくは御名《みな》をあがめさせたまえ
御国《みくに》を来たらせたまえ

御心《みこころ》の天になるごとく地にもなさせたまえ
われらの日用の糧《かて》を今日も与えたまえ
われらに罪を犯すものをわれらがゆるすごとく
われらの罪をもゆるしたまえ
われらを試みにあわせず
悪より救いだしたまえ
国と権《ちから》と栄えとは、限りなくなんじのものなればなり
アーメン

なんだかヘンテコな日本語ですが、教会では真面目にこの言葉を唱えています。明治初期に英米人の宣教師や日本人信徒たちが作った、翻訳文です。この定型文が、そのまま大切な祈りの言葉として受け継がれてきたので、ヘンテコな言い回しでもなかなか変更がききません。私自身はこの祈りに強い親近感を持っています。ようやくここ十年で翻訳のやりなおしバージョンが試験的に広まりつつあります。

この祈りの原本はギリシア語で書かれていて、マタイ版とルカ版の二つのバージョンがあります。イエス自身はアラム語とヘブライ語を話していたのですが、イエス自身の言葉は消え失せてしまい、後のギリシア語での新約聖書編纂のときにマタイ版とルカ版が並記されたのです。この二バージョンは、失われたヘブライ語のイエス語録をもとに、

口伝えによる変化と、後世の翻訳・編集という変更が加えられているようです。◆24

24…ヘブライ語でのイエス語録というときには、必ず注記が必要です。そもそもイエスなどという教祖は存在しなかったという批判や、主の祈りはイエスの言葉ではなく後代の創作だという批判もあります。「イエス語録」という言い方で表現しているのは、イエスという人間がいたかどうかに関係なく、フィクションであっても揺るがない、リアルさです。つまり「イエスという教祖像を中心にして、病治しをする教団があった」という歴史のリアルさです。その教団の初期にアラム語かヘブライ語で用いていた定型文の祈りがあった。その出どころをイエスの物語に帰して、祈りの基本にする。これが「歴史」という後世の創造物の確からしさ、リアルさの根拠です。この歴史に立つ集団に対して、イエス語録が考古学的に発見されたかどうかという問いは、あまり意味をなさないのです。

イエスの時代にはアラム語が一般にユダヤ人社会で使われていましたが、祈りや儀式のときにはヘブライ語が用いられていたようです。この主の祈りをヘブライ語に戻してみると、きれいなヘブライ語韻文の祈りになります。この祈りは「共観福音書のエルサレム学派」のブラッド・ヤング氏による試案です。主の祈りの言葉をヘブライ語で作り直して詳しく解説した本は、ブラッド・ヤングとダヴィッド・ビヴィンの『主の祈りのユダヤ的背景』（ミルトス社）です。ここではとくに、救民者マシーアッハ・救世主クリストスの話と関係するところだけ概観しましょう。ヘブライ語の祈りの形式に戻して訳すと見えてくるのですが、実はギリシア語のマタイ版とルカ版の主の祈りには、すでに「イエス原典」からの誤訳があったと考えられます。とくにイエーシュ・ハマシーアッハが現世の王国の再建者ではなかったことや、神の国は「御国を来たらせたまえ」などと求められる対象ではなかったこと。これらを如実に表す一文がヘブライ語で再現できます。

ヘブライ語◆タムリーフ、マルフトハー
ギリシア語◆ ελθετω η βασιλεια
日本語（誤訳）◆御国を来らせたまえ

ヘブライ語◆バッシャマイム、ウバアレツ
ギリシア語◆ ως εν ουρανω και επι της γης
日本語（誤訳）◆天になるごとく地にも

再現されたヘブライ語からの再試訳は、左記のようになります。

あなたの王国を統治されますように。天においても地においても

このヘブライ語は正確に日本語にすると、「あなたの統治を統治し続けますように、天においても地においても」となります。神の統治は「天と地の両方で、今も後の世も統治しつづけられますように」という祈りです。これはイエスの他の教えとほとんど矛盾せず、明快です。上記のギリシア語で書かれた「御心《みこころ》の天になるごとく」の「ごとく」の部分は、ωςホスという接続語で、英語のasのような働きをします。これはさまざ

まな写本を検討すると、後代の加筆であった可能性が高く、この一語によって神の国が天の上だけにあるかのような神学がまかりとおってしまうのです。これに対し、イエスの語録では天と地が同列だったと考えられます。聖書ヘブライ語の言い回しにはバッシャマイム　ウバアレッ（天と地とにおいて）というものがあり、祈りの型としても用いられます。つまり「天と地において統治を統治してください」がオリジナルのイエスの語録だったと推定されます。ヘブライ語は、「統治を統治する」のように、同じ意味の語をくり返すことが多いのですが、ギリシア語にこれはありません。ダヴィッド・ビヴィンによれば、ここに誤訳の根があったようです。この再試訳から言えることとして、ヘブライ語の祈りと教会で唱え続けてきた祈りには、決定的に違うところが2点あります。

1　神の統治は未来に「来たらせたまえ」と願う対象ではなかった。むしろイエスの祈りにおいては、神はすでに天の国と現世とを統治し続けていた。つまり教会教義の「神の国はやがて来る。この世は罪に満ちている」という世界観は、やや行き過ぎていた。

2　教会の祈りでは、「御国を来たらせたまえ」でいったん祈りが切れる。続く「御心の天になるごとく地にもなさせたまえ」は別の祈りになっている。つまり「御国を来たらせたまえ」は、後の文の「天と地」とは直接の関係がないことになっている。この祈りの文言では、神の国は遠くに在り、祈る人は「天に実現している御心をこの世にも実現してください」という嘆願をしていることになる。しかしイエスのヘブライ語の祈りでは、「天と地とにおいて、神の統治を統治してください、御心を為してください」となっている。つまり神の統治は天と地の両方に同時にやって来る。それも間もなく。

これら2点からただちに言えることとは、イエス自身はイスラエルの地上の王国再建の祈りとはまったくレベルの違うところで祈っていたことです。「あなたの王国を統治されますように。天においても地においても」これはイスラエルだけを救う選民思想のメシアの祈りではなく、先に述べたテフィラー＝神との対話だったのです。神の統治も御心も、イエスの祈りにおいては、天と地とに同時に出現するものでした。神はこの世界を作って「良し」とされたのであり、天が正しくて地が穢《けが》れているわけではありません。人間が神に背を向けているだけのことです。残念ながら、どこかでイエスの祈りが歪められ、ギリシア語訳では神の御心《みこころ》は天に閉じ込められ、「未来の神の国」の到来信仰にすり変わっていったのです。「この世は罪に満ちている。未来の神の国を待ち望もう」という世界観です。そしてその祈りの文言が、今日も世界の教会で定型文として祈り続けられているのです。

エルサレムには、ヘブライ語で聖書を理解しようとするキリスト教聖書学者の一団「エルサレム学派」がいます。イエスとその弟子たちはユダヤ人だったので、ごくあたりまえの研究態度ですが、妙なことに世界のキリスト教界ではまだまだ少数派です。長い間ラテン語・ドイツ語での聖書研究が中心だったため、エルサレム学派の試み（ヘブライ語で理解しようとする試み）を性急と見る流れがあります。私はこのヘブライ語での祈りの再構成の試みを素晴らしい学究的態度と思いますが、既製宗教というものは受け継いできた伝統をすぐには変えない傾向があります。こう書いている私でさえ、旧い主の祈りに親しみを持っています。祈りの言葉は性急に変えなくてもいいと思いますが、研究の態度は真摯に、研究の方法と道具はより正確なものに変えるべきだと私は思っています。その思いが、この講座「キリストの理解」につながっています。

2・3　ひとりで祈ること

イエスは弟子たちに、祈るときの注意を与えました。「あなたが祈るときには、奥まった自分の部屋に入って戸を閉め、隠れたところにおられるあなたの父に祈りなさい。そうすれば、隠れたことを見ておられるあなたの父が報いてくださる。」（マタイによる福音書六章六節）

第5回で学びましたが、イエスは人に見られるように祈るファリシュア（パリサイ人）の態度を辛らつに批判し、神と自分自身との関わりとしての祈り（ヘブライ語のテフィラー）をするように教えました。

残念ながら、この注意は現代のキリスト教徒にはあてはまりにくくなって来ています。隠れたところにも蛍光灯があり、明るいのです。また文字情報が氾濫して、隠れたところにも自分の支えとして情報を欲してしまいます。瞑想するときも、瞑想する自分を整えるための散文の文字情報が最初の支えになり、そこから抜けるのが難しいのです。「聖霊が私を導いてくださった」と言うとき、その聖霊は「聖書に書いてあった舌の形をしていた」と言葉にしなければ落ち着かなかったりして、自分の外からの情報が騒がしく、内面に籠もりにくい状況があると言えるでしょう。さまざまな瞑想法・呼吸法・祈り方などの外からの知識が、かえって邪魔をするのです。

さらにヘブライ語の祈りは、日本語と比べてみると、一神教の「神＝言葉の源泉」というまったく異なった言葉の感覚にもとづいています。日本語の言葉は、神々と同列にあって、主語や目的語を明確にしないでもＯＫで、いわば戯れのように会話が続きます。つまりふたつの言葉の世界には大きな断絶があります。結論から言えば、日本語に生きるキリスト教徒は、自分の言葉の世界に主の祈りを摺《す》り合わせていく過程にいまだあります。

かつて般若心経が、サンスクリットから漢語を経て日本語世界へしだいに受容されていったように（第８回参照）、いまは主の祈りが受容される途上にあるのだと言えます。日本人にとっては意味をなさないラテン語の「主の祈り」（パーテル・ノステル）が、日本のカトリック教会で大切に唱え続けられるように、習慣として祈り継がれていく祈りの型は、主義主張を超えた私的な生き方の型として、生きる支えになります。共観福音書のエルサレム学派によってヘブライ語で再構成された主の祈りには、そのような型として用いられる可能性が開けています。イエスはヘブライ語で祈っていたのであり、ヘブライ語の祈りはダイレクトにイエスという理想像と祈る自分とを結ぶ言葉になり得るからです。

ヘブライ語の祈りは、祈りの内容よりも唱える習慣という視点から見れば、排他的な唯一神教の押し売りなどではなく、親から受け継いだ自分の支えであり、そこに現代人の祈りの困難さを乗り越えるヒントがあると、私は感じています。私たちは「どうすれば祈れるか」という堂々巡りの自己認識に捉《とら》われがちです。その捉われを通り越して、ダイレクトに自分を埋め込み支えることのできる定型句の祈り。それこそがイエスの教えた祈りであり、イエス自身を巡るさまざまな物語や説明の全てをたたみこんだ祈りだろう、という思いです。

終わりに、今回ヘブライ語から学んだことなどをまとめておきます。

◆この世は罪に満ちてなどいない。イエスが残した祈りは、天と地を満たしている神に立ち返る姿勢そのものであり、この世に生きる私たちの側の問題を端的に示している。

◆祈りは繰り返しの言葉（型）にまず身をゆだねることで、そこからテフィラー（真実の祈り）に到る。それ無しで、呼吸法や瞑想法を考えながらつまみ食いしても、イエスが伝えた神に立ち返る場には到らない。

◆そして身についた祈りをひとりでする時間を持つこと。盲信ではなく、祈りの型への理解が必要。

コラム

予言と預言の違い

ユダヤ教、キリスト教の預言者は、神の言葉を「預かる」者です。イザヤ・エレミヤ・エゼキエルといった預言者たちは、神からのメッセージを預かり、人々に伝えました。ノストラダムスの「予言」とはまったく違うので注意してください。預言は、多くの場合イスラエルの不品行や堕落に対する戒め、神からの託宣、教えです。未来に何が起きるかという内容は、あくまでも二次的なものです。

【第6回】

ヘブライ語、自分の名前

ヘブライ語の言葉には、ハレルヤ、アーメン、アダムとイブ、ハルマゲドンなどなど、今の日本人の生活に深く入り込んでいるものが多くあります。ヘブライ語は、右から左へ書きます。だから昔の羊皮紙のヘブライ語聖書は必ず右巻で、いまのヘブライ語の本はほとんど右開きです。日本語だと縦書きと横書き（太平洋戦争後は左からの横書き）なので、右開きと左開きがあり、書店は本の置き方に知恵をしぼります。

現代ヘブライ語は、いちど死んでしまった聖書のヘブライ語をもとに、十九世紀に作り直された言語です。ロシア生まれのエリエゼル・ベン・イェフダーによって再生されました。一八七七年に、彼はイスラエル王国とヘブライ語の復活を求める内なる声を聞き、父祖の地シオンへと「帰還」したのです。世界のユダヤ人がイスラエルに旅行したり移住するときは、「帰還」という語を使います。また、イスラエル国のことを「土地」と呼びます。アメリカのユダヤ人向けの旅行代理店などは、コマーシャル調で「格安ツアーで土地に帰還」とうたっていますが、これは宗教的な主張ではなく、慣習的に使っているだけです。他の民族から見れば、彼らは聖書の中のフィクションに固執して、

「神に約束された土地に帰還する」と言いながら、もともと住んでいた人たちを強制的に追い出していることになります。

この強烈な神との契約の観念は、たんに頭の中にある思想ではなく、「いただきます」や「おやすみなさい」といった彼らの生活習慣に逐一刻印されています。（第5回参照）ヘブライ語を学ぶということは、この刻印された語句を肌で感じるということでもあります。ちなみに現代ヘブライ語は、今はイスラエルという国の公用語です。ヘブライ語の歴史を学ぶだけでも、いろいろ興味深い話が尽きません。

今回は、そんなヘブライ語に触れることと、ヘブライ語で聖書を読んだら簡単に納得できることがらを学びます。

1◆ヘブライ語で名前を書きます

ラウムの講座では、みなさんの名前を現代ヘブライ語で書いていきました。山口勇人は、現代ヘブライ語では、יאמאגוצ'י היאטוと書き、発音もそのままです。カバー絵を描いてくださった豊田さん（ラウム主催者）は、טויודא יאטוקと書きます。

英語では「アルファベット」と言いますが、ヘブライ語の文字はアレフ、ベート、ギメル……と続くので、アレフベートと言います。最初の1文字がアレフ、最後がタヴ

文字	読み方	現代の発音	例	読み方	意味
א	a	アレフ	אדם	アダム	人、アダム
ב	v	ヴェート	בית	ベイト	家
ג	g	ギメル	גבריאל	ガブリエル	ガブリエル
ד	d	ダレット	דרך	デレク	道
ה	h	ヘー	הלליה	ハレルヤ	主を讃えよ
ו	v	ヴァヴ	ו	ヴェ	そして
ז	z	サイン	זכה	ザハー	汚れのない
ח	x	ヘット	חוה	ハヴァ	イブ
ט	t	テット	ימטע	タイーム	おいしい
י	j	ユッド	ים	ヤム	海
כ	x	カフ	כנען	カナン	カナン
ל	l	ラメッド	למה	ラマ	なぜ
מ	m	メム	מלך	メレク	王
נ	n	ヌン	נח	ノアッハ	ノア
ס	s	サメフ	ספר	セフィル	本
ע	a	アイン	עברית	イブリット	ヘブライ語
פ	f	フェー	פלא	ペレ	奇跡
צ	ts	ツァディク	צדקה	ツェダカー	正義
ק	k	カフ	קדוש	キドゥーシュ	聖化
ר	r	レーシュ	רדם	ラダム	眠る
ש	s	シン・スウィン	שם	シェム	名前
ת	t	タヴ	תורה	トーラー	律法、教え

（タウ）です。どこかで聞いたことありませんか？

現代ヘブライ語やイスラエルの基本的なことがらが、下記のウェブサイトにまとめられています。ＯＳはウィンドウズだけ確認済みとのことです。http://arabic.gooside.com/hebrew

出版社のミルトスには、聖書ヘブライ語の教材や日本語対訳つきのヘブライ語聖書などがあります。http://www.myrtos.co.jp/

2◆聖書ヘブライ語起源の言葉

日本語には、聖書ヘブライ語起源の言葉が多くあります。これらはキリスト教の布教によって運ばれてきたものです。

日本語	ヘブライ語	発音	意味と解説
アーメン	אמן	アメン	本当に。今も祈りの終わりに皆で唱える。
アダム	אדם	アダム	人・男。土（אדמה アダマー）から創ったからアダム。
イブ	חוה	ハバ	イブ、最初の女。命（חי ハイ）の源だから。

イエス	יהושע	イェホシュア	主は救い。アラム語ではイェーシュ。ギリシア語ではイエスス。
エマニエル	עמנואל	インマヌーエル	神はわれわれと共に。イザヤ書の中に出てくる約束の男の子の呼び名。
カバラー	קבלה	カバラー	受け取り。現代語ではレシートのこと。[25]
ガブリエル	גבריאל	ガブリエル	神の勇者[26] 大天使のひとり。
ミカエル	מיכאל	ミカエル	誰が神の如きか。[27] 大天使のひとり。
メシア	משיח	マシーアッハ	油塗られた（者）。（第2回参照）
ハレルヤ	הללויה	ハレルヤ	主をたたえよ。ヤは神の名ヤハウェを縮めたもの。

25…カバラーは数秘術の名前として日本ではなじみ深いようですが、ヘブライ語がわからないとうまく理解できない体系です。この講座は理解を中心とするので、啓示や実践を中核とするカバラーは扱いません。もしカバラーを学ぶなら、まずヘブライ語の文字やユダヤ教の歴史を学んでから取りかかるべきでしょう。和歌を学ぶのに、英語ではできません。学んだと思ったものは和歌もどきです。ちなみにカバラーの原典とも言うべきバヒール בהיר は「光」という意味です。ゾハール זהר は「聡明、明るさ」です。それぞれヘブライ語聖書の重要な箇所に用いられる語彙で、ユダヤ教徒の生活に密着しています。

26…ガブリエルを巡っては、諸説が入り乱れています。天使の性質（神と人間の間を行き来する）のせいでしょうか。ガブリエルが女性であるとか、ソドムとゴモラを滅ぼしたとかいった伝説は、歴史的には一部の俗信だったものが、近代に急速に流通したものです。ガブリエルという天使は、聖書の核であるモーセ五書には登場せず、イエスの時代にユダヤ教に広まっていた天使像です。アブラハムと結びつけて論じられたり、いい加減な天使論の中核に据えられたりして、いつか本当に怒って滅ぼしに来るかもしれませんね。天使の属性・性質は、とても大事なものだけに、語源や歴史の理解をともなわない俗説は危険です。

27…ミカエルは、ガブリエル・ラファエルと並ぶ大天使とされ、神の右に座しています。天使の概念は、おそらく紀元前六世紀のバビロン捕囚期（ユダヤ人指導者たちが捕虜のように大帝国バビロンに連行され、暮らした時期）にユダヤ教に移入されました。ユダヤ教は強い一神教であり、他の神々を容赦なく滅ぼし、人間と神とを峻別します。中間的な存在の天使はあまり論じられません。なぜかキリスト教世界やその影響を強く受けた近代世界（日本など）でファッションのように用いられていますが、聖書の理解なしでミカエルを「愛の天使」などと位置付けるのは、とても危険です。

3◆ヘブライ語の、計画の成就という観念

ユダヤ教には、預言の成就という観念があります。預言は、神が定め人間に伝えたことです。その定めがこの世界で成し遂げられたかどうか、詳細にわたって検証する学問まであります。中でもメシアがこの世界にやってきたかどうかは、とても重要な預言の検証です。（メシアという概念の変遷については第2回を参照してください。変遷の要点は、①油塗られた者→②王の権威づけ→③救民者→④救世主です。）　今日のユダヤ教ではメシア＝イスラエルを救い出す者で、しばしば「この人がメシアだ！」といった強烈な運動が見られます。私がエルサレムにいた一九九五年、街角のいたるところに正統派ユダヤ教徒のおじさんの

看板が貼ってあり、「メシアだ！」という文字が大きく書かれていました。本当にそう信じる（そういう運動に身を投じる）人々が今でもいるのです。この運動の強烈なところは、生身の人間を救民者として、政治運動を展開することです。その主張は「今こそ、あのメシアが約束のイスラエル王国を復興してくださる！」という狂信です。おじさんの死によって運動は頓挫したようですが、同じことが起きる根拠は、ヘブライ語聖書にあるのです。その人がこの世界にやって来たのかどうか、真面目に議論する人々が現実にいるのです。現代の日本人から見ればなんともナンセンスな議論を、聖書に基づいて延々と行うのです。この執拗さの根っこには、預言の成就という観念があります。

これに対し、メシアを生身の人間とせずに「いつも私たちと共にいる」と合理化する運動では、メシアは過去・現在・未来を越えた存在になるので、すでに現れたかどうかは問題になりません。ユダヤ教徒をキリスト教へと改宗させる運動がありますが、その主張は「すでにイエーシュ・ハマシーアッハは与えられたのだ」と結論づけて、ヘブライ語聖書を解釈します。

聖書のヘブライ語は、神の計画の成就と深く結びついています。時制が「過去・現在・未来」ではなく、「完了・未完了」です。時間軸にそった言葉ではなく、出来事の成就軸です。もちろん聖書ヘブライ語でも、「昨日」とか「明日」といった語をつけることで過去か未来かを判別します。具体的に出来事の成就軸で聖書ヘブライ語の文章を読みましょう。

ヘブライ語◆イザヤ書八章八節（アッシリアの王がイスラエル王国を間もなく滅ぼす、という預言）

（激流は）ユダにみなぎり、首に達し、溢れ、押し流す。
その広げた翼は、インマヌエルよ、あなたの国土を覆い尽くす。

וְחָלַף בִּיהוּדָה שָׁטַף וְעָבַר עַד־צַוָּאר יַגִּיעַ וְהָיָה מֻטּוֹת כְּנָפָיו מְלֹא
רֹחַב־אַרְצְךָ עִמָּנוּ אֵל

ここから

アッシリアによるイスラエル王国の滅亡が、これから起ることとしてイザヤにより預言されています。動詞は完了形が主に使われていますが、ヴァヴ倒置という形で書かれ、未来に起こった（計画通りに成就した）という感覚です。預言を聞いた人々は、未来に（確実に）起こることとして受けとめるのですが、表現されている時制は未完了ではなくて完了です。この感覚が、聖書を読むのにとても重要です。日本語でこの感覚を訳出すると、次のようになります。

「激流はユダにみなぎったであろう、あふれた、そして押し流したであろう、首にたっする。その広げた翼は、あなたの国土を覆い尽くしただろう、インマヌエルよ。」

この訳文がおかしいのは、日本語の特殊な時間感覚によります。私たちの言語なので普段は意識しないのですが、日本語には未来形がありません。この言語で「未来に確実に成就した」という預言を訳すのは、無理な注文です。時間の感覚やその表現は、いったん日本語を離れてみないと見えてこないので、ややこしいところです。英語には未来完了形があるので、「その広げた翼は、あなたの国土を覆い尽くしただろう、インマヌエルよ。」の箇所は左のように訳出できます。

Its outspread wings ***will have filled*** the breadth of your land, O Immanuel.

この表現は、過去・現在・未来という時間軸が先にあって、その未来において「国土を覆い尽くす」行為が完了したことを示します。言葉というものはちょっと複雑で、過去形の「だった」と言いながら未来のことを言うことがあります。ややこしいですが、ここが大事なのでちょっとこだわってみましょう。日本語で「もし雨が降ったら」と過去形を使って言いますが、実際には未来の天気のことを言ってます。この場合の「降ったら」は、文法書では過去形という分類をされてますが、純粋に過去という時間を示しているわけではなく、むしろ未来に「雨が降ったら」という仮定つきの完了形です。英語では仮定法過去などとよびます。文法用語はさておき、この言葉の感覚がポイントになります。未来の出来事を、「すでに完了した」という形で言い表す感覚です。

イエスが生きていたころは、すでにギリシア語がユダヤ人の生活世界に入っていたので、過去・現在・未来を表す語彙《ごい》がありました。ただし宗教的なことがらを言い表すときは、ヘブライ語聖書の文言が必ず下敷きにされたので、完了・未完了の感覚が生きていたのです。◆[28]

28…例えばルカによる福音書四章では、イエスがイザヤ書六一章のメシアの預言を読み、こう語りました。イザヤ書六一章「主の霊が私の上にある。主が私に油を注がれた。……主が私を遣わしたのは、捕われている人に解放を、目の見えない人に視力の回復を告げ、圧迫されている人を自由にし、主の恵みの年を告げるためである。」イエスの言葉…この聖書の言葉は、今日、あなたがたが耳にしたとき、実現した。
　ここでイエスは間接的に自分がメシアであることをほのめかしたのですが、重要なことは、イザヤの預言が自分の出現によって実現した（成就した）と言ってることです。イザヤの預言は完了型で書かれ、将来確実に成就することを述べています。イエスはこの成就が、今日成立したと言っています。つまり時間軸は、出来事の完了・未完了です。

残念ながらイエスの言葉は散逸し、ギリシア語で訳されたものだけが残りました。つまり過去・現在・未来の時間軸で生きる言葉の世界です。確実に成就するかどうかの感覚が言葉の世界から後退し、未来に成就することが未確定であるかのような表現へと移りだしたということです。例えば神の国の支配は未来に起こることとして待望されるもの、すなわち確実性がやや低いものになり、祈りの言葉が訳されていきました。主の祈りも例外ではなく、神の国は確実な支配ではなくなり、「みこころの天になるごとく、地にもなさせたまえ」という未来の願望になりました。（主の祈りの翻訳の問題については、第5回に詳しく書きましたので、参照してください。）

　重要なことは、聖書ヘブライ語を学ぶことで、イエスが生きていた時間の感覚が明解に見えてくるということです。イエスのメッセージの中核が「神に立ち返れ」であり、

「罪を悔い改めよ」ではなかったことも、聖書ヘブライ語を学ぶことで明解になります。また天使について論じたり、カバラーを学んだり、政治の出来事を読み解くときにも、聖書ヘブライ語は非常に役立つ言語です。◆29

29…政治の出来事を読み解く鍵は、人名です。イラクの新憲法草案を作った人々の名前を調べると、ユダヤ人が多いことに気づきます。これが何を意味するか、一般の日本人には遠い出来事なのでわからないでしょう。原爆の開発に関わった重要人物たちもユダヤ人です。これらの事実に、ユダヤ人の陰謀とかいった秘教的で勝手な解釈をかぶせるのは、よくないことです。むしろ政治の世界をより深く読み解く鍵として、ヘブライ語が実用的だという理解が本道でしょう。

逆に言えば、ヘブライ語無しでイエス・キリストの言葉を論じるのは、とても危険な勝手読みを招くと言えます。

この講座は理解をめあてにしているので、「大天使ガブリエルは……だ」といった解釈を鵜呑みにはしません。鵜呑みにせず、理解する鍵として、ヘブライ語はとても実用的です。本格的に言語を学ばずとも、メシア、インマヌエル、アダムといった言葉の由来を知ることで、新しい理解が開けます。

【お勧めの教材など】

ヘブライ語の初学者向け、おすすめの教材について

ここ数年で、ヘブライ語を学ぶための教材はどんどん進化しました。
ミルトス社に最新の教材があるので、いちどウェブサイトをご覧ください。
http://www.myrtos.co.jp/

【第7回】

如来としてのキリスト、時間の発見

日本の仏教には、阿弥陀如来が極楽浄土へ導いて下さるという、如来の信仰がありま す。宇宙の法（真如）からブッダが人として救いにやって来るから如来です。一方、キリストはこの世の終わりに再臨して、死ねるものと生けるものとを裁くのです。

如来とキリスト、一見したところ「この世にやって来る救い主」では同じです。しかし両者の間には、その背景としての時間と空間（つまり宇宙観）に大きな隔たりがあると言えます。今回は、如来から考え始めて、私たち現代の日本人が過去・現在・未来の時間軸を離れて、自分たちが生きている時間の世界を発見する可能性に触れたいと思います。

1◆如来と如去《にょこ》

日本の仏教美術には、多くの阿弥陀如来来迎図《らいごうず》があります。平安時代の末法思想を背景に、阿弥陀如来がこの世の苦しみから救ってくださるという希望が広く伝わり、その仏画が多数描かれたのです。その信仰世界は現在も続き、さまざまな来迎図が今も描かれています。如来がこちらへやって来て、私を迎えてくださる。描き手はその境地に在って、自分の過去の苦しく恥ずかしい誤ちや未来の不安から離れるのでしょう。いいかえれば、来迎図を描く行ないそのものが救いの道のりなのです。

この来迎図の背景である日本の大乗仏教について触れておきましょう。仏教は大きく大乗と小乗にわかれます。大乗仏教は大きな乗り物（ヒマーヤーナ）のことで、全ての人々がブッダという大きな乗り物に乗って、果てしない輪廻から救われると説きます。そこには阿弥陀などさまざまな救いのブッダの姿が認められます。自分だけが覚《さと》って救われるという修行は誤りで、他人のために生きることにこそ救いがあるとします。これが漢民族に伝わり、その後日本に伝えられました。これに対して、小乗仏教は出家して修行によって覚った者のみが輪廻から解脱して救われると説くので、ブッダが無条件に救済してくれるとは考えません。ブッダは修行の完成者として現れます。ブッダはその死にさいして「怠らずはげめ」と言い残し、修行による解脱の理想像を弟子たちに残していったので、これも正しい道です。タイ、ミャンマー、スリランカは小乗仏教の国なので、出家＝僧侶が手厚くもてなされるのです。私たち日本人の仏教は、実は大乗仏教が主流で、しかも漢民族による変節を遂げた後の教えや経典を基にしています。だから「如来がこちらへやって来て、極楽浄土へと私を迎えてくださる」という来迎図になる

来迎図
国宝 阿弥陀二十五菩薩来迎図（早来迎）知恩院藏

のです。そんなわけで、小乗のタイに行っても阿弥陀如来の来迎図はありません。

如来とは、宇宙の法（真如）からブッダが人として救いにやって来る様を言います。如来の語源は、実ははっきりとはわかってません。この本の説明も、いろいろな人たちの言い伝えや解釈に拠っています。その原典はサンスクリットのタターアーガタ（そのままに来る）で、「この宇宙のありのままを示して来る人」、つまり悟りを得たブッダが人として現れ来ることです。サンスクリットのタターアーガタは多陀阿伽陀と漢字で表記されたのですが、漢民族向けに意訳して如来（そのままに来る）となりました。鳩摩羅什《くまらじゅう》(350?-409?) という亀茲《きじ》出身の僧侶によれば、「如実の道より来る。ゆえに名付けて如来と為す」とされています。◆30

30…大智度論二四。鳩摩羅什が生まれ育った亀茲は、現在のクチャ（庫車）です。シルクロード天山南路の要所で、七世紀に玄奘が滞在したときに「伽藍百僧五千」と記録しました。たいへんな規模の僧院だったようです。鳩摩羅什は小乗・大乗の両方に精通し、大乗仏教に転向しました。膨大なサンスクリット経典を当時の都の長安（現在の西安）で漢訳し、その後の漢民族の仏教のありかたに大きな影響を与えました。

大乗仏教の解釈では全ての人が救われるので、如来＝「宇宙の法がブッダという人の形でこの世界に現れ、全ての人を救う」という解釈になります。これが日本の阿弥陀如来来迎図《らいごうず》のもとです。ただし原語のタターアーガタは「そのままに来る」であって、大乗仏教的な「全ての人を救う」の意味が無いことに注意してください。来迎図の如来の姿は、後世の人々の救いのイメージが「如来」という語にかぶせられたものなのです。

如来には、対概念の如去《にょこ》があります。語源はサンスクリットのタターガタ（そのままに行く）で、「この宇宙のありのままに行く人」、つまり悟りを得たブッダが行く（去る）様子です。語尾のガタは、般若心経の最後のギャーテーギャーテーと同じです。般若心経ももとはサンスクリットで、最後はガーテーガーテパラガーテー　パラサンガーテーボッディースバーハ（行く者よ行く者よ、彼岸に行く者よ、菩提に幸あれ）という定型文です。つまり「行く（去る）」とは、この宇宙のありのままを体現して彼岸へと赴くさまであり、この世に生まれたブッダの修行、生き方、死んで真如へと散って行ったさまなのです。

真如（真理）とブッダの間には、行き来する運動があります。如来は真理が人として（ブッダとして）来る様であり、如去はその逆であり、両者には鏡のような関係があります。この世での両者の運動があって、私たちを救いへと導いているのだと言えます。その救いが小乗（修行者だけが救われる）なのか、それとも大乗（すべての人が救われる）なのかは、それぞれの人に与えられた生き方によるのでしょう。どちらが正しいかという議論は意味を成しません。

2◆ヘブライ語の預言と時間観念

如来と如去の話には、時間が出てきませんでした。なぜでしょう？　如来はかつてブッダの形でやってきた宇宙の法であり、また未来にやってくる救いでもあります。如去はかつてブッダの形で示され去って行った救いの在りかたであり、また未来に再び示される救い主の姿でもあります。つまり如来も如去も、過去・現在・未来を超えたブッダの姿です。如来とこの世界との関わり方は、未来のあるとき突然やってくるというものではなくて、かつても、そして今も示され続けている真如であり、ブッダを通した真如と人間との関わり方に他なりません。このことを曹洞宗の道元は「宇宙の法は眼のようにこの宇宙に蔵されている」と喝破し、正法眼蔵という書物が残されました。真理は時間を超えて、つねに明らかにされているということです。若き日の道元が、留学先の中国の老僧に真理をたずねたとき「正法眼蔵」と応えられたのですが、そのときは理解できず、帰国後にこの言葉で真如の現れ方を示しました。学びとは、長い道のりの末の気づきだということでしょうか。

　ブッダを通した真如と人間との関わり方を観想してみると、仏教では時間軸が直線的ではないことが示されます。つまり過去・現在・未来という一直線の軸ではなく、むしろ「宇宙の法と私との関わり」という運動が、「私の救い」にとってより重要なのです。如来は過去も未来も同じように世界に向いていて、私をそこにあずければいい。そこに如来と如去の運動が意味をもって来るのだと言えます。

　これに対して、ヘブライ語の救いは全く異なる時間観念を下敷きにしています。日本語ではとても理解しづらいものです。直線的な時間というよりも、できごとの成就軸という強烈な一神教の世界観が下敷きにあります。ここは「キリスト教の救い」を理解するためにはとても重要なので、前回の「ヘブライ語基礎、自分の名前」を先にお読みください。

聖書のヘブライ語は、計画の成就と深く結びついています。時制が「過去・現在・未来」ではなく、「完了・未完了」です。時間軸にそった言葉ではなく、出来事の成就軸です。この時間感覚に加えて、ヘブライ語聖書での救いの在り方は、如来・如去《にょこ》のそれとは全く異なります。ヘブライ語聖書の世界は、背景に宇宙の真理といった観念が薄く、メシアが真理から来るとか、真理へと行くとかいった感覚がありません。父なる神と選ばれた民イスラエルとの関係で話が展開し、「救い」もそのストーリーの中で、さまざまなバージョンに分かれているにすぎません。ヘブライ語聖書そのものが、長い時代をかけて編まれていった書物なので、人間観・救済観が多様です。この講座ではすべてを扱えないので、イエス・キリストの預言に焦点を当ててみましょう。

断食修行と悪魔《サタン》との戦いの後、まずイエスはクファルナウムという街で預言の第一声をあげました。「悔い改めよ。天の国は近づいた」

これをイエス時代のヘブライ語に戻すとしたら、おそらく下記のようになります。

ヘブライ語◆シューブー（ハザルベテシュバー）、カラブマルフートハッシャマイム◆31

שובו (חזרו בתשובה) קרב מלכות השמים

ここから

31…この逆ヘブライ語訳は山口の試訳です。今後訂正すると思います。

イエスの時代には、ヘブライ語とアラム語がユダヤ人社会に流通していました。アラム語とは、紀元前五〇〇年頃から後六〇〇年頃に、シリア地方とメソポタミア地方で使われた国際共通語で、エジプトからメソポタミアに通じる幹線道路の都市を支配していたアラム人の言葉です。ヘブライ語は聖書の言葉となり、アラム語方言がユダヤ人の口語になっていました。つまり宗教的・民族的な言葉としてのヘブライ語と、生活・商売の言葉としてのアラム語方言が共にユダヤ人に流通していたのです。旧約聖書の一部や、ユダヤ教のタルムードの一部（ゲマラー）は、アラム語で書かれています。

イエスの死後二〇年ほどしてから語録が編集され、その後二世紀まで編集が続き、結果がギリシア語の新約聖書になりました。もとのヘブライ語（またはアラム語）の語録は散逸して現存しないので、新約聖書学者は考古学の成果を使ったり、イエスと十二使徒にとっての外国語であるギリシア語から推定して、イエス研究を進めています。ギリシア語では全く意味不明な箇所がいくつかあるのですが、ヘブライ語の表現に直してみるとわかりやすくなったりします。詳しくは、ダヴィッド・ビヴィン、ロイ・ブリザード著『イエスはヘブライ語を話したか』（ミルトス社）。

この講座では、イエスがヘブライ語を日常的に話していたことを前提にしてます。


ここで用いられているヘブライ語の「近づいた」は完了形なので、すでにすぐそばにあることになります。日本語でもういちど訳し直すと「神に立ち返れ、天の王国はすぐそこにある」となります。このメッセージが背景に持っているのは、父なる神の一神教です。また他の民族との交わりを強く禁じる選民思想であり、さらにイエスの時代に急速に広まっていた終末思想もあります。だから解説調でさらに訳すと、イエスの預言は左のようになります。

「お前たちは他の民族と交わり、父なる神を忘れ、罪を犯した。いまこそ神に立ち返れ。天の（神の）王国はすぐそこにある」

イエスの時代、急速に終末思想が広まり、いつ世の終わりが来るのかという社会不安がありました。異民族の神を容れて罪に汚れてしまったエルサレムを去り、東のヨルダン川へと下って行き、その洞窟で隠とん生活を送る人々もいました。だから神の裁きのときをじっと待ち、イスラエルを復興する救民者メシアが望まれていたのでした。人々は未来の世の終わりを心配し、またメシアの到来を待ち望んでいたのです。そのような時代にイエスが病気なおしや数々の奇跡を起こして登場し、「メシアの約束はすでにここで成就した」と預言したのです。そのメッセージの核心が、「神に立ち返れ、天の王国はすぐそこにある」◆32でした。

32…悔い改めという語がなくなっていることについて、第2回と5回の復習をしておきましょう。イエスは当時のユダヤ人の宗教的堕落に対して警鐘を鳴らしました。「神に立ち返れ」このメッセージこそ、イエスが生涯をかけて伝えようとしたものです。イザヤ、エレミヤといった大預言者たちと全く変わらないメッセージでした。ヘブライ語では、前のページにあるシューブーもしくはハザルベテシュバーで、顔の向きを文字どおり変えることを言います。それがギリシア語でメタノエオーと訳され、内面的な「悔い改め」になったのです。だから現在私たちが教会で聞く「悔い改めなさい」とか、「罪に汚れた身を神にゆだねなさい」といった説教は、じつはイエスのメッセージと少しずれています。イエスは身体を汚れたものと断定していませんし、自分を拝めとは言ってません。またアダムから始まる原罪などという考えは一切述べていなかったようです。それは弟子（とくにパウロ）が、当時の教義や神学を背景に、自分で解釈したことを手紙に残し、それが新約聖書として伝えられたものなのです。

イエスは他の預言者たちと同じく、すでに確実に成就が約束された完了形で預言し、神の王国の到来を告げました。過去と未来の時間軸ではなく、預言の成就軸で言えば、神の国は天の上でも地においても成就が確約されていたのです。◆33

33…不幸なことに、ギリシア語で聖書が編集されたとき、神の王国が未来にこの世に成就すると誤訳され、現在のキリスト教の教義が非常にねじれたものとなりました。つまり終末戦争ハルマゲドンの恐怖と、そのときキリストにつながる者だけが向こう側の王国に招かれている、という神学です。本来、神の王国はすでに近くにあって、未来の裁きのときにイエスがまたやって来るのです。大乗仏教の言い方になおすと、「真理はいつも明らかにされているが、ブッダは人の形をとって、すべての人にその気づきの縁を結んでくださっている」ということです。

未来に起こることとして、つまり予言としてイエスが言ったことは、彼は十字架刑で死に、未来にこの世にやって来て、生きる者と死ぬ者とを分けるということです。預言と予言には、大きな隔たりがあります。預言は神のメッセージを預かることであり、「神に立ち返れ、天の王国はすぐそこにある」で、すでに確約された救いです。これに対し予言は過去・現在・未来という時間軸の世界の言葉であり、「未来に裁きのときがある」とおどかされ、確約された救いを受け入れなければ、いつまでも不安に満ちた生活です。繰り返しますが、イエスは天の王国はすぐそこにあると保証の預言をし、神に立ち返らない人々には警告として裁きの予言を残したのです。

イエス・キリストの預言に焦点を当てて、ヘブライ語世界の救いの一例を見ました。如来と如去《にょこ》の救いと比較すると、全く異なることがわかります。如来は、過去や未来という時間軸と離れたところで、同じようにこの世界に関わっていて下さり、私をそこにあずければいいのです。如去がこの世界で示していった姿を追うことでも同じです。阿弥陀如来来迎図《らいごうず》を描いたり、如来の像を刻むことは、私が預けられていく道のりだといえます。この救いには、厳しい裁きもなければ、父なる神に立ち返る姿勢もありません。ただ無心に、宇宙の真理を体現したブッダの慈悲にすがり、過去のあやまちや未来の不安を預けきることです。時間軸から離れたところで如来や如去と出会い、そこから日常生活に帰ってきたとき、自分に与えられた今生を生き切るというのが、如来・如去との関わり方なのでしょう。道元の、正法は眼のように蔵しているという境地です。

これに対してイエスの救いでは、自分と歴史の結びつきを強く意識させられます。第1回と2回で見たように、イエスの救いの在りかたを同時代のユダヤ教やヘブライ語聖書に即して見直すと、以下のようになります。「父なる神はイスラエルにさまざまな恵みを与えてくださり、自分の民族として特別な役割を課し、また契約を結んでくださった。今はローマの支配下で苦しみのときだが、約束の男の子イエスをこの世に遣わして、全ての人々が神に立ち返るよう招いておられる。過去の（自分の出自である）イスラエルと神との契約を思い起こし、目の前に起きている神の国の到来を受け入れる時機である。」この救いの理解も、単純な過去・現在・未来という時間軸から離れている点では、如来や如去との出会いと似ています。つまり日常生活と異なるところで、神と自分の関わりを生きています。大きな違いとして、救いの現場である現在という時に、常にイスラエル民族の契約の記憶が入り込んでいます。ここが、如来の慈悲と神の救いの比較において重要な違いです。

イエスが言う「悔い改め」とは、ヘブライ語で「神に立ち返ること」です。これは文字どおり顔を向けることです。するとそこには、こちらを向いた父なる神がいて、父親の視線でじっと見ています。いまふうに言えば、父親のプレゼンスです。道徳や社会の決めごととして、父親が私を見ている、という感覚です。これに対して日本人の描く来迎図は、「如来がこちらへやって来て、極楽浄土へと私を迎えてくださる」という構図です。こちらを向いて救いの手をさしのべて下さっています。ここには父親の威厳はありません。父なる神も如来も、ともに私たち人間の方を向いてくださっていますが、父なる神は「強く雄々しくあれ」と厳しく立ち、如来はあたかも母親であるかのように救いの手をのべて下さっています。

3◆近代のカレンダー時間で生きること

このような救いの在り方も、近現代の日本人の生き方の前では、まったく意味を成さないことがあります。まず日本語の問題です。ヘブライ語の神と日本語の関係について言えば、そもそも父なる神とか契約とかいった観念が、日本語となじみにくいことがあります。（第1回の「契約の成就——日本語との決定的な違い」参照）

次に、近代以降の生活と宗教の問題です。電球の普及で夜の暗闇が生活からなくなり、腕時計、西暦のカレンダー、時刻表や予定表が私たちの生活時間を支配しています。汽車や自動車によって知らない土地が知識として生活に入り込み、農耕機械や鋪装道路・コンクリートの普及によって生態系のサイクルから人間の生命が断ち切られています。つまり生活の時間と空間が一変してしまいました。さらに戦後の現代人になると、団地や高層マンション、テレビ、飛行機、コンビニ、インターネットが普及し、生活時間・空間が予定表付きのパッケージのようになりました。産婦人科での出産、病院での治療、葬儀社に任せる葬儀が当たり前になり、ふだんの生活の中で誕生や死体と向き合うことが全くなくなりました。私たちはこのような現代の日本人として、上記の如来・如去《にょこ》を学び、ヘブライ語聖書を使ってラウムで勉強しています。つまり生死のサイクルから遠いところで、蛍光灯の下で、遠い世界の知識と自分とを接続させる学びをこうして行なっていると言えます。

これを過去・現在・未来という時間軸との関わりで言うと、西暦のカレンダーという外から来た時間で生活し、未来から逆算して家のローンや子どもの成長や老後の年金などを考えています。過去の歴史や自分たちの出自の物語は、私たちの生活世界からほぼ消失しました。つまり過去よりも未来志向の人生を、カレンダー時間で送っていることになります。ここで言う未来とは、平坦な時計時間が行き着く先のことであって、そこには自分の死への恐れや出生時の物語もなく、よほど重い病気でもしない限り時計時間は破れることなく続き、生老病死をわがこととして生きる態度は出てきません。この生死を排除した、過去を持たない未来志向こそが、近代以降のカレンダー時間で生きる私たちの特徴と言えます。

では現代人の救いとは何でしょうか。もちろんすべての宗教や個々の人の救いを一般化することはできません。近代と呼ばれる時代より前の人間は、身近にある死への恐れ、どうにもならない病気や貧乏への憤まん、夜の闇、自分の出自といったことがらに囲まれて生老病死と向き合っていました。ブッダは王の子として生まれたのですが、人はなぜ老いて死ぬのかという根本的な問いから出家しました。現代の私たちも、そういう疑問にぶつかるときはあります。ただ、そのぶつかりかたに生死のリアル感が無い。つまり出自の物語や死体と触れあうことがなく、むしろ問題は日々の仕事や父親・母親・子ども・役職といった役割期待に応えるストレスと常に対峙していることです。つねに心の問題＝統合失調の危機と向かい合い、占いやドラッグ、セラピー、仕事中毒といった自分探し・インスタントな解決を志向し、それがまた商売になったりしています。

そういう状況では、教会に行ってもなかなかコミュニティに自分をあてはめることが難しいものです。慣習としての祈りの型や年中行事をそのまま受け継いだり、刷り込まれるままではなく、イエスや神と私自身とのダイレクトな結びつきがどうなっているのか、その明解な回答が求められます。私もそうでした。いわば生老病死の新しい在り方に合った、個人主義の救いです。このような状況では、イスラエル民族の契約の記憶などはどこか遠くの物語であって、そこに自分をあてはめるのはナンセンスだと言えます。同じように、阿弥陀如来が西方浄土からお迎えに来てくださるという教義も、そのままではナンセンスです。むしろ如来やキリストがこの世に現れてくださった意味は何だろうかと問うことで、遠くにいたイエスや如来が自分の前に立ち現れる、そんな契機が求められるということです。真如や神の王国という旧い語彙《ごい》で表された世界が、この私に開いていたのだという感覚。こういった理解と腑に落ちる感覚こそが、生老病死を排除した未来志向に生きる私たちにとって意味をなすのだと私は感じています。

過去・現在・未来を超えた方が、現在にしか生きられない私たちをじっと観ておられる。阿弥陀如来来迎図を一心に描く人は、たんなる手近な自分探しを超えたところに連れていってもらおうと、如来の救いにあずかろうとして自分を投げ込んでいる、そんな境地でしょうか。

コラム

私の坐禅体験

イザラ書房の渋沢比呂呼です。最近の坐禅体験と深呼吸の理解を記させて頂きます。

私が禅に関心を寄せるきっかけは、書物をとおして教えをいただいたカトリック教会司祭（トマス・G・ハンド師）が、禅の修行者でもあったことでした。またずいぶん昔、ユングクラブの会合において、禅宗僧侶の方が心理学の関連から智慧の結晶のような「十牛図」の説明をされていたことも、私の意識下で生きていたのだと思います。

さて二〇〇七年四月八日、キリスト教ではクリスマスとならぶ最大のお祭りでありま す復活祭が、ちょうどお釈迦様のお誕生日を祝う花祭りと同じ日になりました。お祝いの春の気分に浮かれながらサイクリングしていましたら、参禅会が行われている曹洞宗のお寺に行き当たり、早速翌週から坐禅体験をさせていただくこととなりました。

毎週木曜日の夕方から始まる、静かな堂内での深い呼吸。とにかく息を吐いて吐き切ることが大事と老師から教えられました。禅堂を護る文殊菩薩の加護のなか、思い思いの場所に散らばった先輩たちの穏やかな息遣いと、遠くでワンワン鳴く声、近くでニャーニャーいう声がかすかに聞こえてきます。さて私はまず脚を組んで下半身を安定させ、上半身はひたすらまっすぐ天を目指すように正します。目を半眼にしてもさまざまな思いが複雑な文様のように脳裏に浮かび、次から次へと生成消滅してゆきますが、それでもただひたすら座ります。そして自分が自然と空っぽになることだけを目指します。次に空っぽの何もない状態を目指そうとする自分の思いも捨て去ります。そうこうしているうちに、その万華鏡のような私的宇宙の有様に翻弄され、とらわれている状態にピリオドが打たれます。個人的なものは何も見あたらない無辺の宇宙に、自分は存在しているという感覚に移るのです。

心は深く鎮まり、穏やかです。そして坐禅中の仲間の内的宇宙と、自分がいまいる宇宙が重なり、溶け合ってきます。つぎに老師の宇宙が大きくその上に重なる感じです。道元から数えると七五〇年、釈迦牟尼からは二五〇〇年、数え切れないほどの修道者が深い瞑想の中で拓いてきた宇宙が幾層にも私の上に重なり、そして大きく一つとなる感覚です。

右記はインナースペースの変化ですが、身体の健康という観点から見ますと、坐禅の結果、呼吸が深いものに変わることで全身の細胞が活気づきはじめ、イトオテルミーの温熱療法では身体の気の流れ、つまり生命体とも言うエーテル体の流れを生き生きとしたものに整えることで健康が促されるのではないかと、双方体験して思いました。

【第8回】般若心経と法隆寺の再発見

1◆現代人の般若心経

私の次男は果南《カナン》といいます。自宅で生まれ、妻のインスピレーションで果南と名付けられました。生まれるときに右手から慌てて飛び出して来ました。そして今も慌てん坊のままです。私たちは今も生まれてきたときの話を、よくします。胎脂が半透明の白色で、まるで湯気がたっているかのような、ホカホカの生まれたてという印象をいまも強くもっています。本当の幸せな人生を歩む人になってくれると、私は確信しています。

彼が生まれた場所は、仏壇があるお座敷です。「門前の小僧、習わぬ経を読む」と言いますが、三歳のときには「ハンニャーハラミッター」と大きい声で遊んでいました。親戚の集まる法事などのときに聞いていたのでしょう。自分でろうそくに火をつける真似をしたり、鐘《リン》をチーンと鳴らしたり、得意の般若心経を大人たちの前で披露したり、とにかく面白い男の子です。彼だけでなく、お兄ちゃんや妹にも、同じような出生時の物語と仏壇や祈りのある生活があります。私の子どもたちの話は、講座の内容をひとめぐりしてから最後に戻ってきましょう。

今回の講座のテーマは、般若心経と法隆寺の再発見です。といっても、観光名所の法隆寺を歴史散歩するとか、般若心経にまつわるウラ話とかいったことではありません。般若心経とみなさんお一人ずつの、新しい接点を探す時間にしたいのです。そういう意味での「再発見」です。この講座「キリストの理解」にしても、実は自分探しのための理解の一歩です。私たちから遠くなってしまったキリストを、ヘブライ語聖書から理解して、生身の人間の言葉として捕まえ直す、そんな試みです。今回の般若心経の学びも、遠くにあるお経を生身の言葉として捕まえ直すための一歩です。

だから般若心経の言葉を逐一学ぶのではなく、「わたし」の般若心経を見つける学びになるよう心がけてお話したいと思います。現代の私たちの自己の様子を眺めたり、そんな現代日本に広く受け入れられた柳澤桂子さんの般若心経現代語訳を眺めたり、前回の如来・如去《にょこ》と照らし合わせたりします。もてあましてしまう自分に決着をつけていきたい、そんな般若心経の学びです。

2◆大乗仏教と式文としての般若心経

私たちが使う般若心経は、漢民族経由の大乗仏教のものです。無条件に救いに来てくださるブッダのイメージが根底にあります。般若心経もそこに書かれている空の思想か

अध्वप्रज्ञापारमिताहृदयसूत्रं

नमः सर्वज्ञाय॥
आर्यालोकितेश्वरबोधिसत्त्वो गंभीरा प्रज्ञापारमितायां चर्यां चरमणो व्यवलोकयति स्म॥
पंच स्कन्धाः॥ ताश्च स्वभावशून्या पश्यति स्म॥
इह शारिपुत्र रूपं शून्यता॥ शून्यतैव रूपं॥ रूपान्न पृथक्शून्यता॥ शून्यताया न पृथग्रूपं
यद्रूपं सा शून्यता॥ या शून्यता तद्रूपं॥ एवमेव वेदनसंज्ञासंस्कविज्ञानाति॥
इह शारिपुत्र सर्वधर्माः शून्यतालक्षणा अनुत्पन्ना अनिरुद्धा अमलाविमल नोना न
परिपूणाः॥ तस्माच्छारिपुत्र शून्यतायां न रूपं॥ न वेदना न संज्ञा॥ न संस्कारो न
विज्ञानां॥ न चक्षुःश्रोत्रघ्राणजिह्वाकायमनांसि॥ न रूपशब्दगन्धरसस्प्रष्टव्यधर्माः॥ न
चक्षुर्धातुर्यावं न्न मनोविज्ञानधातुर्न विद्या॥
नाविद्या॥ न विद्याक्षायो॥ नाविद्याक्षयो॥ यवन्न जरामरणं॥ न जरामरणक्षयो॥ न
दुःखसमुदयनिरोधमार्गा॥ न ज्ञानं न प्राप्तिरप्राप्तिवा बोधिसत्त्वानां
प्रज्ञापारमितामाश्रित्य विहरत्यचित्ता वरणः॥ चित्तावरणनास्तिवादत्रस्तो॥
विपर्यासातिक्रान्तो॥ निष्ठनिर्वाणः॥ त्र्यध्वव्यवस्थिताः सर्वबुद्धाः
प्रज्ञापारमितामाश्रित्यानुत्तरां सम्यक्संबोधिमभिसंबुद्धाः॥
तस्माज्ज्ञातव्यं॥ प्रज्ञापारमितामहामंत्रो महाविद्यामंत्रो नुत्तरमंत्रो समसममंत्र
सर्वदुःखप्रशमनः॥ सत्यममिथ्यत्वा प्रज्ञापारमितायामुक्तो मंत्रः॥ तद्यथा॥
गते गते पारगते पारसंगते बोधि स्वाहा॥
इति प्रज्ञापारमिताहृदयं सूत्रं॥

法隆寺に現存するサンスクリット版の般若心経
（八世紀後半の写本と推定されている）

ら離れて、無条件の救いにつながっていく呪文のような働きをします。ご法事などでの読経《どきょう》は、意味不明な文句だとしてもそれをありがたく頂戴して、お坊さんの唱える声に合わせることで勤めを果たしています。私の妻の家は曹洞宗で、お寺ではお経を呪文のように扱わないよう戒めていますが、理解することとお経を詠むことは違うようです。人々は意味を求めずにお坊さんに従い、ギャーテーギャーテーハラギャーテーと唱えるのです。ここには空の理解よりも、慣習としての祈り、そこに帰ってくればいいという安心の場所としての般若心経の姿があります。

このような般若心経は、どうやって日本に伝わってきたのでしょうか。歴史についてはインターネットのウィキペディアやさまざまな本に定説化されたことがらが書いてあります。ここでは聖典の確からしさや、「この私ととどう関わるのか」という点に集中して説明しましょう。聖典の確からしさについては、箇条書きにします。

◆まず、般若心経の成立年代は不確かで、定説と言い切れるものはありません。ただし般若心経の散文の内容から判断して、オリジナルの成立年代は、空（サンスクリットのシューニャ）の思想が南インドの龍樹（ナーガールジュナ）によって確立した三世紀頃とされます。しかしそもそも龍樹とどういった関わりの集団によってオリジナルが編纂されたかが不明です。

◆さらにサンスクリットで書かれた教典は、実は法隆寺にしか現存していません。記録された最古のサンスクリット版の参照元として、写本が日本の法隆寺に残されているということです。インドや中国では同様に位置付けられる写本は発見されていません。
◆この法隆寺写本の出所に対する疑問、つまりサンスクリット版はインドでのオリジナルからの写しではなく、後世の他の言語からの再構成ではないかという批判が、文体（筆跡）や内容の分析に基づいて可能です。おそらく八世紀後半の写本であり、漢訳よりずっと後のものなので、この写本への批判は正当なものです。しかしこのテキスト批判を超えて、サンスクリット版の般若心経は、記録された参照元として位置付けられ、日本の法隆寺に存在しているのです。もし散逸したサンスクリットのオリジナルが他所で発見されたとしても、その成立年代は再び不確かとされ、真偽の議論じたいが無効になる可能性が高いのです。発見されたテキストの出自の確からしさという点で言えば、それはブッダや龍樹に帰すような考古学的な問題ではなく、あくまでも記録された参照元として、現在の使用者の信頼に足るかどうかが基準になります。それが聖典の存在の根拠であり、キリスト教では近年、ユダによる福音書写本の真偽が話題になりました。
◆聖典について言えば、現在の日本で唱えあげられている漢訳バージョンは、七世紀に玄奘が漢訳したとされるものから派生した、簡略版の「略本」と呼ばれるものです。玄奘は確かに教典をインドから運んだとされていて、彼の偉業をたたえて様々な教典が玄奘訳とされています。その玄奘訳とされる大品般若経から派生したのが、現在の日本で流通している「略本」なのです。

◆以上をまとめると、日本では般若心経のオリジナルとして、法隆寺に残されたサンスクリット版が知られ、さらに玄奘の漢訳版が原典として、和訳されずに流通していることになります。

キリスト教の主の祈りと比較してみると、オリジナルの確からしさや原典という言葉の意味が明解になります。ヘブライ語の主の祈りオリジナルは散逸し、公式にはギリシア語訳がオリジナルということになっています。このギリシア語訳の確からしさは、イエスがヘブライ語でどう考え語ったかという歴史とは無関係に、新約聖書に書かれているという一点で「確実」とされています。さらにローマカトリックの場合、ラテン語（ローマの言語）のパーテル・ノステル「天の父よ」が祈りの原典とされ、これを唱えるのが正しいとされます。和訳された主の祈りは、あくまでもパーテル・ノステルの写しにすぎないとされます。それでも各信者の理解のために、和訳版の祈りは改訳されていきます。

主の祈りは和訳され、さらに改訳されていくのに対し、日本の般若心経は現代訳に和訳されず、漢訳が式文として流通しています。これらの歴史をひも解いていくと、とても複雑です。私たちにとって重要な点は、細かな考古学的事実ではなく、オリジナルとされる写本の位置付けと、いま使われている祈りや経の出所であり、また出所を確実と成さしめている私たちの祈り方についての理解です。右で見たように、般若心経にせよ主の祈りにせよ、オリジナルの確からしさは、その写本や言語とは直接関係していません。オリジナルとは、そう呼んでいる私たちの歴史観に拠っています。原典という言葉は、これに私たちの拠り所としての強力な位置づけを加えたものと言っていいでしょう。漢訳の略本でしかなかった般若心経は、いまや日本でこれを唱える人々にとっては、人生の指針になっているほどです。ローマ地方の言語にすぎなかったラテン語の主の祈りは、いまや十億を超える人々の日々の祈りとして用いられています。

3◆近いところに在る般若心経

このような歴史を背負った教典を、自分に近いところで消化しようと努めている科学者に、柳澤桂子さんがいます。『生きて死ぬ智慧』（小学館）二〇〇五年のベストセラーのひとつになりました。彼女は般若心経をご自分の三十五年にわたる病者としての苦しみや、生命科学者としての思考から、読みとき直したのです。「心訳」と銘打って、ナーガールジュナの空の思想を粒子の濃密として打ち出しました。以下はその前文と、「色即是空空即是色」の訳文です。

「色即是空空即是色」／柳澤桂子著1ページより抜粋

ひとはなぜ苦しむのでしょう……
ほんとうは
野の花のように
わたしたちも生きられるのです
もし　あなたが
目も見えず
耳も聞こえず
味わうこともできず
触覚もなかったら
あなたは　自分の存在を
どのように感じるでしょうか
これが「空」の感覚です

同6ページより抜粋

お聞きなさい
私たちは　広大な宇宙のなかに
存在します
宇宙では

形という固定したものはありません
実体がないのです
宇宙は粒子に満ちています
粒子は自由に動き回って　形を変えて
おたがいの関係の
安定したところで静止します

柳澤さんは、これまでの科学者としての人生と、病者としての苦しみを述べた後、独自の「空」観を提示します。

同44ページより抜粋

私たちは原子からできています。原子は動き回っているために、この物質の世界が成り立っているのです。この宇宙を原子のレベルで見てみましょう。私のいるところは少し原子の密度が高いかもしれません。あなたのいるところも高いでしょう。……これが宇宙を一元的に見たときの景色です。一面の原子の飛び交っている空間の中に、ところどころ原子が密に存在するところがあるだけです。

あなたもありません。私もありません。けれどもそれはそこに存在するのです。物も原子の濃淡でしかありませんから、それにとらわれることもありません。一元的な世界こそが真理で、私たちは錯覚を起こしているのです。……

これがお釈迦さまの悟られたことであると私は思います。

ブッダが生きた地平は、これを知りながらこれを生きる、生きて死ぬ智慧であり、まさに泰然自若の境地だったと言えます。柳澤さんは、宇宙の実相を粒子の濃淡と喝破し、そこに現れている「わたし」や「あなた」の存在をそのままに受け入れる境地に到着したということだと思います。この地平でようやく般若心経は、「空とは何か」といった散文の学問から離れ、またわかった顔をしてひたすら写経や読経《どきょう》にはげむめくら念仏を離れ、ブッダの理解をともなった教典として命を得たのでしょう。

般若心経はどこからやって来て、どのように私たちに現れ、柳澤桂子さんによってどう解釈されたのか、こうして問い、学ぶことによって、般若心経の再発見が開始されるでしょう。

4◆現代の自己と生身の言葉の救い

このような般若心経の解釈がベストセラーになる一方で、現代の日本社会には、自傷や自殺やひきこもりといった、どうにもならない自分が共通の問題としてあります。いわゆる肥大化した自己の問題です。

私たち現代の日本人は、時計時間にそった平たんな時間を生きています。太陽暦、時計、時間割、時刻表、カレンダー、年間計画、旅程表などなど、世界は均質な時間に沿って、まちがいなく運行されているという世界観です。毎朝時計時刻で起きて、電車は時刻表どおりに運行されているということを疑わない生き方です。それは現代イスラエル人も同じです。

ところがイエス・キリストの時代、ユダヤ人にとって一日の始まりは日没であり、暦は月の運行にしたがった独自の陰暦で、神の許しの年は特別に「大きい時間」とされていました。空間的にも均質ではなく、エルサレム神殿には「登る」と言いますし、犠牲を捧げる場所を特定したり、ヤコブ（＝イスラエル）が聖別した土地をベテル（神の家）と名付けて記念するなど、土地の聖俗の区別が明確でした。また、世界は球体ではなく、太陽は毎朝東から生まれて西に沈んだのです。

私たちは非一神教の世界に生きているだけでなく、時計時間や地動説の中で、旧来の伝統や習俗に浸りきれず、自分を支える生き方探しをいちいち創っていると言えるでしょう。

この状況に対して、般若心経は特効薬ではないですし、そもそも万病に効く薬など幻想にすぎません。私たちひとりひとりが、自分の置かれた現代という状況を理解し、自分に近いところで教典やさまざまな教えに触れることでしか、柳沢さんのような再発見は起き得ないでしょう。柳澤さんの「心訳」の本がベストセラーになった背景には、現代の般若心経の使用が錆び付いている、つまり多くの人にうまく適用していないことがあります。既成教団によるリサイクルがうまくいってない、すなわち既成教団の学者や高僧たちが、自傷、自殺、ひきこもりの根とうまく向き合えていないことです。

自己が肥大化すると先に述べましたが、この状況については、倫理学・哲学者の鷲田清一さんの『所有のエチカ』（ナカニシヤ出版）や『聴くことの力』（TBSブリタニカ）によく書かれています。現代の自己の問題とは、驕り高ぶりとでも言うべき自己所有です。「山口勇人という人格は、かけがえのないわたしだけの独占物だ」「だから自分の身体をどうしようと、自分が決める」という発想です。本来、人は誕生の物語から葬送の言葉まで、他者にいじくられてこそ人格です。自分の名に恥じない生き方をするということです。自己は、チェスの平らなゲーム盤の上に並べられたコマではありません。デコボコな地面とやりとりしながら日々創られていってこそ、自己主張というものが可能になります。残念ながら、誕生や出自も、日々の生命の循環も、夜の闇も、現代の都市生活からは切断されています。天体の運行とは無関係の時計時刻、蛍光灯で照らされた平らな夜道、病院と葬儀社に丸投げされる生老病死。自己が頭の中の観念の世界でふくらみきってしまい、自分でなんとかできると思い込むことで、袋小路に入り込んでいるに過ぎないのです。

柳澤さんの心訳は、病気という長いトンネルとつきあう中で、ひどいデコボコの地面を歩きながらなお科学者として生き、その結果として「空」を粒子の運動と見抜いたことの表れなんだと私は思います。生身の柳澤桂子の言葉が、現代の自己所有の驕りをいったん通過して、なおも「あなたもありません。私もありません。けれどもそれはそこに存在するのです。」と見抜いた地平にあるからこそ、彼女の心訳般若心経は多くの人々の共感を得たのでしょう。般若心経が近いところにあるというのは、小手先の翻訳ではなくて、自己のデコボコと格闘した痕跡がしっかり刻まれているということです。柳澤さんの場合、それは粒子の解釈でした。

5◆如来と如去《にょこ》のイメージ

最後に「空」の解釈や般若心経の歴史から離れて、式文としての般若心経を見ましょう。意味不明な言葉がどのように唱えられるのかというテーマは、第5回の終わりのところで述べました。ヘブライ語で作り直した主の祈りの可能性の話です。今回は般若心経の最後のダラニ、つまり呪文のような部分の理解です。

◆般若心経
ギャーテーギャーテーハラギャーテー　ハラソーギャテーボージーソワカー

これも息子の果南《カナン》が好きでよく言っていた文句です。今は7歳になったので、恥ずかしいのか、それともキリスト教の幼稚園に通っているうちに忘れてしまったのか、最近は言いません。この文句の元は、サンスクリットです。

サンスクリット◆般若心経
ガーテーガーテー パラガーテー　パラサンガーテーボッディースバーハ
行く者よ行く者よ、彼岸に行く者よ、菩提に幸あれ

「彼岸に行く者」とは、悟りに向かって修行する者です。ブッダは、この宇宙のありのままを体現して彼岸へと赴きました。ガーテーは、この世に生まれたブッダの修行、生き方、死んで真如へと散って行ったさま（如去）を表してもいます。来迎図《らいごうず》にあるように、これはブッダが真如（真理）からこちらへと救いにやって来てくださるさまです。つまり如来です。般若心経の最後の文句は、たんなる韻合わせではなく、ブッダと修行者たちの道行きを示してもいるのです。前回の、如来と如去《にょこ》のことを復習しておきましょう。

如来とは、宇宙の法（真如）からブッダが人として救いにやって来る様を言います。その原典はサンスクリットのタターアーガタ（そのままに来る）で、「この宇宙のありのままを示して来る人」、つまり悟りを得たブッダが人として現れ来ることです。サンスクリットのタターアーガタは多陀阿伽陀と漢字で表記されたのですが、漢民族向けに意訳して如来（そのままに来る）となりました。鳩摩羅什《くまらじゅう》という亀茲《きじ》出身の僧侶によれば、「如実の道より来る。ゆえに名付けて如来と為す」とされています。大乗仏教の解釈では全ての人が救われるので、如来＝「宇宙の法がブッダという人の形でこの世界に現れ、全ての人を救う」という解釈になります。これが日本の阿弥陀如来来迎図のもとです。

如来には、対概念の如去があります。語源はサンスクリットのタターガタ（そのままに行く）で、「この宇宙のありのままに行く人」、つまり悟りを得たブッダが行く（去る）様子です。真如（真理）とブッダの間には、行き来する運動があります。如来は真理が人として（ブッダとして）来る様であり、如去はその逆であり、両者には鏡のような関係があります。この世での両者の運動があって、私たちを救いへと導いているのだと言えます。その救いが小乗（修行者だけが救われる）なのか、それとも大乗（すべての人が救われる）なのかは、それぞれの人に与えられた生き方によるのでしょう。どちらが正しいかという議論は意味を成しません。

般若心経は、散文としては空の解説であり、韻文としては真言《しんごん》（マントラ）でもあり、また彼岸へ行く者たちの道行きを示す文句を含んでもいます。とても簡潔で優れた式文です。これと出会い、再発見できるなら、とても喜ばしいことだと言えるでしょう。

妻の実家のお寺には、「父が拝めば子も拝む　拝む姿の美しさ」とあります。たしかに祈りの姿は教えるものではなく、その標語には正しい一面があると思います。ただ、私たちは自己所有やどうにも持て余す自分というやっかいな時代に生きています。それも誕生の物語や生命の循環から切断された世界で、日々を送っています。そんな中で、父が拝む姿というのは、近代以前に比べてとても軽い意味しか持っていないことも確かなのです。

おそらくカギになっているのは、柳澤さんのように自分のデコボコの行き道に照らし合わせてイメージできるかどうか、つまりそういった道行きをガイドしてくれる先達や理解があるかどうかです。これはたんなる知識や経験則ではないので、学校教育では教えられないですし、家庭でもほぼ死滅した感覚でしょう。マントラから自分は何を聞いたのか、これを示す姿勢です。たしかレイチェル・カーソンは、『センス・オブ・ワンダー』の中で、そういう知識を教えられないでもいい、風の音を共に驚く感覚を持てれば十分だと言ってます。感覚を言葉にして伝えられればそれも結構ですが、「風の音がすごいね」と語りかけ、相手にしっかりと関わることで、ひとりひとりに備わった感覚それぞれにあとはお任せするということでしょう。柳澤さんは科学者として、粒子で世界を把握する驚きの感覚を般若心経に重ねました。彼女の驚きを受け止め、理解し、自分のガイドにできるよう、受け取る側の自分をゆるめておきたいと願うものです。私の場合はキリスト教の家に生まれ育ち、父からいつのまにか受け継いだキリストの理解の道行きが、そのガイドになりました。終わりの見えない長い道のりです。

【お勧めの本など】

般若心経とサンスクリットの基礎を知るために

涌井和(わくいなごむ)『サンスクリット入門　般若心経を梵語原典で読んでみる』明日香出版社

【第9回】

日本語の「もの語り」

物語といえば、かぐや姫や桃太郎が代表的です。図書館に行けば、読み切れないほどの物語絵本が、貸し出されています。では、「ものを語る」とはどういうことでしょうか？　私たち現代の日本人は、物語を「絵本の読み聞かせ」といった既製品のストーリーのように感じてないでしょうか。それはそれで親子や近所の人々の交流になるので結構なことですが、ここではそもそもの「ものを語る」ということについて、身近なところから考えてみましょう。今回はキリスト教の学びではないですが、日本語のカミサマや語るという行為について最後に考えることで、キリストを理解する私たち自身の言葉のあり方を探って、講座を閉じたいと思います。

最後に日本語の「もの語り」について考えることは、実は私自身の問題のまとめでもあります。日本人として生まれて、日本語で強力な一神教の世界を生きて、不思議な違和感がどこかに生まれます。教会はこう宣教します。「神さまは御子《みこ》イエスさまをこの世に与えてくださいました。それは御子を信じる人が、一人も滅びることなく永遠の命を得るためです。」しかし日本のどこに行っても「御子イエス」は見えず、滅びる予感も無く、永遠の命とかいった差し迫った感覚はどこにもありません。

ではどこに自分の世界があるのか。その合理的な説明を求めてたどり着いた、ヘブライ語聖書によるキリスト理解のありかたを、こうして講座の形で伝えています。自分にとっての説明を学問的に追い求めて、キリスト教神学をアメリカに学びに行きました。キリスト教世界の物語は、厳しい父親としての唯一の神が前面にいて、その息子イエスの誕生から死と復活までのページェントを年中行事に据えています。その宗教世界の中に身を置いて、メシアや終末といった遠い世界のことをヘブライ語で理解しようという試みが、旧約聖書学の基本です。ヘブライ語で祈ると、それまでわかりにくかった悔い改めや救いや父なる神といったことがらが、非常に明解になります。私はアメリカで出会ったキャロル・フォンテーヌという女性のフェミニズム神学者から、こういった聖書との関わり方を学び、幸運でした。

この神学の世界から一歩外に出て比較文化の視点から見れば、行き道は宗教学や文化人類学になります。神社の祭りやお寺のお盆と、自分が属する教会の行事（クリスマス、復活祭など）は、行われる日付がずれるので、その両方を体験することが可能です。普段の生活でも、教会に行った次の日に仏式のお葬式に出るといった感じです。すると唯一の父なる神と神社のお稲荷さまが、なんとなく自分の中で混在し、やがて自分は何ものなのだろうという疑問に導かれます。どちらが正しいかという単純な疑問ではなく、混在したままお神輿《みこし》を担ぎ、宴会で騒ぎ、日曜に教会学校で教えるという人格のあり方の不思議です。説明するには、自分の置かれた状況をいったん突き放して学ぶことが必要になります。例えばキリスト教は罪からの救いというモチーフを持っていますが、この原罪の観念はどこから日本に入ってきたのかといった研究です。単語として幼児のときから身に着けてきた「罪からの救い」というモチーフは、いったいどこから来て、どう私の規範になっているのか、ということです。また第5回で学んだように、主の祈りの定型文は日本語としてはおかしいのですが、なぜおかしな祈りの言葉を今も続けているのかという疑問から、定型文の祈りについての研究に導かれます。

いったん突き放した自分に納得のいく説明を与え、さて、これらの気づきや学びを生活の一部として生きるときには、またややこしい世界が開けてきます。自分なりの祈りの言葉探しや、意識がゆるんだときに出てくる物語だったり、さまざまな世界が堆積して発酵した言葉の世界です。どのように自分の祈りの言葉ができあがってきたのか、自分の言う「罪からの救い」はどこから来たのか、これらを知った後で、なおその言葉を生きている自分と、そうでない自分の語りとが、解決のありかを探しているといったところです。いまこうして語っている私とは何ものか、という理解の道筋です。

私は不思議な体質なのか、夜になるとお話が頭の中に流れてきて、自分に寝物語を聞かせるようなことがあります。話の内容は奇妙なものが多く、よく登場したのが携帯博士、みどりの布団屋、いつもの文房具たちのおしゃべりといったことがらです。子供たちも寝物語をついでに聞かせてもらうのですが、たまに傑作が降りてきて、私自身が泣いてしまうこともあります。蛍光灯の光と大人の声が途中で入ると、お話は消えてしまいます。いまでも続く不思議です。ここで言う物語は、絵本に書かれたお話とは遠いところにあります。「ものを語るとはどういうことか」という問いは、どこか遠くの既製品の物語ではなく、身近な世界との言葉のやりとり、そこへの関心が中心にあります。「自分と世界との言葉でのやりとり」とでも呼べるでしょう。物語に出てくるのは、アマテラスとかイエスとかいった大きな人格ではありません。降りてくる話に出て来るのは、大きなドングリだったり、階段が人格となって「重いなー、きみ」と言ってきたり、ちょっとアニミズムがかってます。しかし実はここにこそ、「私とは何ものか」を理解するカギがあると、私は感じています。文字になった神話や聖書物語についての合理的な説明や、理解の道行きを通過して、その後にやってくるすぐ近くの言葉の世界との関わりだからです。この掴まえ所の無いような言葉の世界を、以下で掴まえてみようと思います。

ちなみに息子の果南《カナン》は、アナンダマルガというヒンズー教系の保育所でババナムケバラム（全ては神の愛に満ちている）という文句を覚え、おばあちゃんの家でハンニャーハラミッター（彼岸に到る智慧）と唱え、幼稚園で天のお父様と祈っていました。やがては私と似た道のりを行くのかもしれません。

「私とは何ものか」というと、なんだか哲学めいた問いに聞こえます。しかし出発点は自分探しのようなものです。現代の日本でキリスト教徒として、世の中から浮かずに生きている人格とはなんだろうか、という問いでもあります。まず日本語の「もの＋語り」を一般論で考え、最後にこの講座で学んだことをおさらいして終わりましょう。

1◆「もの＋語り」としての物語

二〇〇四年の正月に、私は家族といっしょに岡山県の〈わら〉という民宿に行きました。山の頂上にある不思議な民宿で、その山深い寒村には天孫降臨の伝説があるということです。頂上から見る日の出は、まさにアマテラスの誕生で、感動というよりもただひたすら見入る、静寂の時間でした。

その旅行のある朝、私は山道を独りで歩き、便意をもよおして、道ばたに大便をしてしまいました。道を少し外れたところの切り株の裏です。いかにも現代のキリスト教徒らしく、なんの呵責もないまま、その日は「あー、スッキリした」ていどの心持ちでした。次の日、同じ道を家族や友人たちと歩きました。私は一行の最後尾を歩いていました。そして昨日の切り株のところに近づいたとき、急に背後から男が走りよって来て、強い殺気を放ちながら私のすぐ後ろに来たのです。「やられた！」というのが第一感でした。全身総毛立つという感覚を生まれて初めて感じながら振り向くと、そこには誰もいず、まさに大便をしたところで息子の果南《カナン》が転ばされていました。明らかに誰かに突き飛ばされたように、全身で転んでいました。とっさに「しまった、カミサマだ」とわかり、すぐに「逃げよう」と言ってその場を立ち去ったのです。

その日はヤバイなーと思いつつ、「すいません」と山に向かって言ったきり福岡に帰ってきてしまいました。ただ、そのヤバイなーという思いは消えず、二〇〇五年◆[34]の正月にまた〈わら〉に行ったのです。


今回はお餅を供えて、自分なりに土下座して謝って来ました。これは理屈ではなくて、いまでもカミサマの強い殺気を体に覚えているのです。この感覚はどうにも説明がつくものではなく、「神様は本当にいるんですか?」と聞かれたときは、「いますよ」と答え、この物語をするようになりました。

キリスト教の講座でヤマガミさまのことを話すのもちょっと変な感じですが、神様は確実にいます。誰を神とするかは、出会ってしまった自分の体験で決まるのだと私は思います。聖書という本に書かれただけの「神」は、私にとってリアルではありません。

キリスト教を盲信している人だったら、私のカミサマ体験を「悪魔に出会ったのだ」とか「神ではない不思議な存在に出会った」とか言って説明付けようとするでしょうが、

34…このヤマガミさまが西暦で暮らしているとは思えないのですが、この本が西暦で書かれているので、二〇〇五年と表記します。すいません。

そんなのは本末転倒で、ヤマガミさまにたいへん失礼だと私は思っています。説明することは大事ですが、教会教義にひっぱりこんでヤマガミさまを貶めるのは、自分の理解できる範囲に世界を押し込めようとする、矮小な自我のやることだと思うからです。

ヤマガミさまのお話のオチは巻末に置いて、先に本題の「物語」について考えましょう。右の畏れ多い経験のことを物語と呼ぶとしたら、世の中の物語は不思議で恐ろしいものばかりになってしまいます。ここで問題にしたいのは、「ものを語る」ということです。物語といえば、ももたろうのような昔話が代表的です。図書館の絵本を借りてきて、子どもに読み聞かせることは、たしかに情操教育という点ではすばらしいことですし、私も実際にやっています。ただ問題になるのは、借りてきた「他人のお話」の字面を読んで聞かせるだけでは、「ものを語る」とは言えないだろう、ということです。他人のお話を読み聞かせることを名詞の「物語」とするなら、そのもともとの言葉である「ものを語る」という動詞は、どんなことなのでしょうか？　日本語の「もの」は、とても不思議なことばです。「物」「者」「モノ」というふうに、いろいろな文字で表されます。最近は「モノづくり」と書いたりしますが、「物作り」とは書かないようです。「モヤモヤした物」と書くと違和感があり、「モヤモヤしたもの」のほうがおさまります。モノと物の違いを端的に表しているようです。逆に「贈りモノ」と書くと違和感があり、「贈り物」のほうがおさまります。物体は贈れますが、モノは贈れません。カタカナでモノと書くと、物体だけではなく、作る行為や作った物のその後まで含んだ感覚が残ります。物体の周囲に関わるモヤモヤしたものです。「ものわかりのいいやつ」と言ったりしますが、漢字で「物判り」というようには考えてないようです。このように「もの」という言葉の感覚は、文字によっていろいろ分類されるのですが、基本的にはひとつの単語であって、物体とその周囲に関わる世界を表しています。「もの」と語る私の関係で特徴的なことを、あえて単純化して言うなら、「自分に近いところにいるが、自分ではない何か」ということでしょうか。例えば、「憑き物」は自分についた得体の知れない相手に、キツネ憑きとかトウビョウ持ちといった実体感のある名前を与えたと言えるでしょう。「モノづくり」は、materialとしての物を作ることではなくて、製作の過程や努力や修練を含めた全てを含んで「モノ」と呼び、実体化しているようです。「ものわかり」は、作法・振るまい・内輪の約束ごと・世の中の習慣といったうつろい行く常識を「もの」と一括しています。このいずれもが、自分から近くにあったり遠くにあったりするフワフワした観念を呼んでいます。英語で「もの」に近いのはthingですが、英語は「自分とは明確に異なる何か」を指していて、所在がはっきりしています。「ものわかりのいいやつ」を英語でいうなら、a man of common senseでしょうか。聖書ヘブライ語には、「もの」にあたる観念は無いと言っていいでしょう。日本語の「もの」はフワフワしていて、とても便利な単語です。◆35

35…「もの」が現す世界と、言葉の役割について。この世界は、言葉によって分けられて、それを世界として私たちは受け取っている。そういった主張は、仏教では分別（ふんべつ）知といって、人間は「言葉による分けへだて＝ことわり」によって真実を外れ、無明（むみょう）に生きていることになります。「もの」という語は、フワフワした何かを指し示した記号ではなく、「もの」という音によってある輪郭が現れた、ということでしょうか。

次に「語る」とは何でしょう。

語源から「語る」を考察しようとすると、答えが見えにくくなるようです。アイヌ語や喜界島方言や漢字文献を用いて、音の比較から「KATAる」と「HANAす」をP音の同根から別れたと見る仮説もあります。ただ、これは非常に専門的な言語学の話になるので、ここでは扱いません。

「語る」を「かた」という発音から類推して説明する人もいます。万葉集にしばしば「かたる」が出てくるのですが、無理に解釈すると問題が出てきます。青空学園という運動では、「語る」の「かた」は共働体の営みを表す、とまで言っています。私見では、これは理解からは遠い「思い込み」だと言えます。[36]

36…青空学園というサイトは、明治時代以降の日本語のあり方や、その位置付け方に対して、意識的に日本語を捉えなおすユニークな運動です。言語学や歴史学の成果を自立的に消化していて、とても面白いです。私の長男と同じ名前の方がサイトの管理者で、近く感じます。http://www2.ocn.ne.jp/~aozora/

重要なことは、「語る」という語彙《ごい》そのものの世界ではなく、日本語が「主語から語る言語ではない」という事実でしょう。文法の詳しい話は、金谷武洋（かなやたけひろ）の『日本語に主語はいらない　百年の誤謬を正す』（講談社選書メチエ）をお読みください。その要点として、日本語の語りには、基本的に主語が前面に出て来ません。学校で教えている文法は、主語＋述語でできているので、ちょっと頭を柔らかくして文法教育の知識を取り払わないと、理解できない話です。そもそも「主語」の概念は、江戸時代の本居宣長などの文法書には見られず、明治維新以降に輸入されたものです。金谷氏の例文を同書からひとつあげます。村上龍の『限りなく透明に近いブルー』の原文と、英語・フランス語の訳文の比較です。かっこの中の言葉は、原文には無かったものです。

日本語（原文）◆『限りなく透明に近いブルー』

「その時、髪、赤でさ、短いスカートの女、憶えてない？
スタイルいいのよ、お尻が決まっている女、いなかった？」
「どうかな、あの時は日本人の女3人いたなあ、アフロにしてるやつ？」

英訳◆『限りなく透明に近いブルー』

Well, don't (you) remember a girl there, red dye-job, short skirt, good style, good ass?
(I) don't know, there were the Japanese girls there, (you) mean the one with the Afro hairdo?

仏訳◆『限りなく透明に近いブルー』

(Tu) (te) souviens d'une fille teinte un roux, qui portait une jupe courte? Le genre Chic, (tu) sais?
Avec un petit cul?
Attends un peu... Il y avait trois Japonaises. Une avec une coiffure afro?

これは小説の中の語りですが、日本語にはそもそも主語という感覚が会話にマッチしません。これに対し、英語とフランス語というインド＝ヨーロッパ語族の会話は、基本的に「主語」が無いと文法的に成り立たないのです。[37]

37…これに対して、「日本語は主語が省略されているだけだ」とか、「意味上の主語はちゃんとある」という反論は、実際には成立していません。この議論については金谷氏の本を参照してください。学校で教わってきた日本語の文法が、いかにおかしいか、よくわかります。西暦や背広やレンガの家や占星術といった輸入品が、どうやっても日本の生活世界とズレるのは、仕方のないことです。主語＋述語の文法教育も、生きた日本語を無視したものでかなりあやしいのです。

だから意図せずに、itやilといった形式上の主語を探し、そこから語るのです。これは単なる表面的な構文の話ではありません。It is winter.と言う言語と、「今は冬です」という言語とでは、冬の位置も現れ方も全く違います。「今は冬です」の説明には、主語という概念はまったく必要ないのです。日本語で私たちは、語りの起点すなわち主語を探さないまま語ります。金谷氏によれば、「意図的な行ないか自然の勢いか」という区分けで言葉を選んでいるのであって、主語を中心にした能動態だとか受動態という区分けはしていません。英語では能動か受動かという区分けをしますが、この英語的な文法とは相容れない言語世界を持って日本語で私たちは「語って」いるのです。

以上の「もの」＋「語る」で、物語はできています。つまり「ものを語る」とは、「自分に近いところにいるが、自分ではない何か」といっしょになることで、言葉の世界に遊び、笑いや恐い世界や不思議な出来事を呼び起こしてきたと考えられます。ものと語る私との関わり方は、語りの起点を前提とした能動・受動などではなく、相手の言葉を受けたり、誰が語るのかを明らかにしないでもいい、中間的なあり方です。

絵本の読み聞かせと先ほどの寝物語に戻って、それらの違いについて考えておきましょう。◆38

私の独特な寝物語はやや例外的だとしても、本が一般に無かった時代の物語には、桃太郎や浦島太郎などがあります。本ではないので、語りの途中でその場限りの桃太郎バージョンが現れたりして、笑いや突っ込みがあり得るわけです。「大きな桃がドンブラコ」という定型文さえ守られていれば、おばあさんの洗濯物はどうなったのかだとか、

38…「読み」という言葉も、「ヨミ」に直せば、「詠み」「黄泉」といった表記がされます。「ヨム」という語も、本来は文字を読むだけではなくて、言葉を「詠んで」いたし、それが遠い世界を「呼ぶ」ことだったと推察されます。

鬼が島の鬼は大きな角を持っていただとかいったオプションはどうやってもOK、ということです。要は言葉の世界に遊ぶこと、つまり基本の定型文を身につければ、あとは文字に頼らずに、聞いている人たちと掛け合いを楽しんだり、いつの間にか自分ではない何かに語らされているような感覚です。その究極の洗練された型が、和歌・連歌といった言葉遊びの掛け合いです。◆39

39…和歌の場合は、詠み人がどれだけ洗練された型と自分の世界を持っているかを競うゲームの面が強く、余暇を持つことができた貴族の遊びだと言えます。この本で言う「物語」は、余暇やゲームを背景としない語りなので、和歌はかなり異なります。ただ、型を身につけるという点では、和歌は究極だと言えます。季語や枕詞の約束事や本歌取りといったテクニックを身につけることと、「大きな桃がドンブラコ」という定型文を身につけることとは、暮らしの背景がそもそも違うということです。

ただ、現代の私たちにはそのような日本語の遊びの伝承はすっかり失われて久しいので、物語を改めて作り直す作業、すなわち伝承のことばを文字化してリサイクルするという迂遠な作業が必要になります。NHKが日本語の美文を集めて、相撲の関取を登場させたりして教育番組でやってますが、ああいった改めて作り直す作業です。そこにはひとりひとりが即興で「ものを語る」感覚は無く、むしろ「美文とはこういうものだ」というNHK的なイメージの「語り聞かせ」が進められ、標準的な教科書体の文字が画面に出て来ることになります。つまり遠くの知識としての美しい伝承（とされるもの）をテレビなどで学び、それから消費者としての個人が、「この私が納得する韻文」で語るという作業です。それでも無いよりはマシというのが現状でしょう。第7回で見たように、これが現代の私たちの生きる世界だからです。

2◆キリストの理解のあり方

第1回から8回まで、いろいろなテーマでキリストの理解に努めてきました。かんたんに振り返ってみて、それからまとめとして、日本語でものを語ることと、自分勝手に囲い込まないキリストの理解のあり方についてお話したいと思います。

第1回では、インマヌエルの語源「神が私たちとともにいる」から学び、その預言や契約の世界が日本語とはかなり異なることを知りました。インマヌエルはもともと終末（この世の終わり）という観念とは関係ない、ユダヤの王・ダビデの子孫による王国再興の希望だったのです。

第2回では、終末思想と全世界の救世主としてのメシア像について学びました。イエス自身は、この世の終わりと神への立ち返り（シューブ、またはハザルベテシュバー）を訴え、その「立ち返り＝本来の人間像へ直ること＝病気なおしの奇跡」は当時の大きな運動となったのです。◆40

40…本来の姿に直ること、病気が治ること、おそらく日本語の「なおる」には、「治療する」とはまったく違う身体=宇宙観が背景にあります。これについては、私が現在九州大学で取り組んでいる博士論文で書く予定です。

この非常に特異な運動は、後世のギリシア語世界の宇宙観と結びつき、それまでのヘブライ語世界とはほぼ無縁の神学を産み出しました。つまりこの世界の始まりや終末といった時間観念や、この世界の背後にいる神という高度な抽象化や、その神が人間としてこの世に救い主として現れたとかいったことです。これらの抽象的な観念は、ヘブライ語のマシーアッハにはほとんど見られず、ギリシア語のクリストスという語に結びついたものだったのです。

第3回は、自宅出産の目眩《めまい》、義父の死体という衝撃から、自分の神学を捉《とら》え直したものです。ヘブライ語のネフェシュという息・喉・命・人を表す語彙《ごい》に対して、ギリシア語のプシュケーは抽象的な魂・心であり、清く（軽く）保たれるべきものでした。イエスが生きたヘブライ語世界は、より具体的で身体の表現に満ちていたのですが、ギリシア語世界のキリスト教会はロゴスやプシュケーといった抽象的な語彙にこれらを置き換えていったのです。ネフェシュは日本語の「生きる」「息をする」といった感覚に近いのですが、近代キリスト教の布教のさいにはプシュケーの「魂」が輸入され、「息をする」感覚のほうは伝わりませんでした。

第4回は、病気なおしの奇跡について学びました。イエスの断食と、イトオテルミーの発明者伊藤金逸博士の断食の共通点、すなわち修行の中で自分と向き合い、その苦しみによって病気なおしの大きな力がこの世に発動したこと。これは私の解釈にすぎませんが、自分の息子・妻・そして自身の病気が治ったという喜び・実感の中で、イエスの病気なおしのストーリーは真実です。「神に立ち返る、シューブ、またはハザルベテシュバー」というイエスのメッセージは、たんなる心の悔い改めではなく、私にとってはイエスの断食であり、病気なおしの力の発動であり、大きな命のめぐりを受け容れることです。

第5回は、祈りの型（定型文）や主の祈りの誤訳について学びました。ヘブライ語で主の祈りを再構成すると、「未来にやって来る神の国」という教義は無かったことになります。また、イエスは「暗い部屋でひとりで祈りなさい」と教えたのですが、わたしたち現代人にとっていかに「暗い部屋」で「ひとりで」祈ることが難しいかを考えました。祈りの定型文が身につくこと、盲信ではなくその理解があることが大切です。第5回ではまた、現代における祈りの困難さと大切さを扱いました。般若心経の現代語版を読み、私たち現代人が生きている時間の無機質さを考えました。人生は苦しみやまどいの連続ですが、現代人は伝承や慣習にただ身をゆだねることから遠く、苦しみに押しつぶされるか、自分なりに祈りを創っていったり、落ち着き所を見つける努力を強いられます。主の祈りや般若心経が、その人の祈りの定型文として着地するのは、本人の苦しみを受け入れる長い道のりと、祈りの言葉が交差したときだと言えます。

第6回は、ヘブライ語で自分の名前を書きました。また、完了・未完了という時制について学びました。この時制の感覚がないと、ヘブライ語聖書はいくら読んでも腑に落ちないところが多いのです。

第7回は、如来とキリストの比較から、私たちにとっての「救い」について考えました。如来は真理が人（ブッダ）として来る様です。また過去・現在・未来を超えたブッダの姿です。かつても、今も、そしてこの先も示され続けている真如だということです。道元は、これを正法眼蔵（宇宙の法は眼のようにこの宇宙に蔵されている）と喝破しました。これに対して、イエス・キリストは「神の王国はすでにここで成就した」と預言し、神に立ち返るよう人々に命じたのです。ここにはイスラエルと神との契約という、強い歴史の拘束が見えます。父なる神はイエスをつかわし、契約を思い起こさせ、目の前に起きている神の国の到来を受け入れるよう示した、ということです。この救いの現場には、イスラエル民族の契約の記憶が入り込んでいるのです。

第8回は、般若心経と法隆寺の再発見でした。法隆寺に残るサンスクリットの般若心経、これが「わたし」とどう関わるのか。柳澤桂子さんの心訳をもとに考え、マントラとの出会いのヒントとしました。祈りやマントラから私は何を聞いたのか、その理解のための学びです。

日本語でものを語るとき、その基本は、定型文や季語などを身につけて、その言葉の世界に遊ぶことだと私は感じています。日本語は、英語のように語りだす主語といった基点を置いてません。学校で学ぶ「主語＋述語」の文法と比較して、言葉の世界に遊ぶことは、相手と自分をすっぱりとわけずに中間的な態度のまま、「自分に近いところにいるが、自分ではない何か」といっしょになっていることだと思います。こればかりは自分の言語感覚をいったん突き放して観なければ、見えてこないことです。ただ、私たち現代人は和歌を遊ぶような言語教育を受けてませんし、自分の生まれや近所の人たちの死から遠いところで、散文の標準語を基本に生活しています。だから昔話の語り(言葉の掛け合い)の真似ごとをしても、そこに自分の出生の物語や、ご先祖様の霊がリアルに登場することなど考えられません。そんな言葉のあり方を「取り戻す」などというロマンチックな幻想を抱いても、そういった自己やコミュニティのあり方は遠い昔です。

おそらく今の時代の私たちにとって重要なのは、ただ自然回帰を叫ぶのではなく、「私」の祈りやもの語りが生まれる場所の創りなおしでしょう。肉親の生や死、人生の転機といった節目で、または宙ぶらりんで居場所がないような状態のとき、いったんこの世的な拘束から離れて、自分が生きてきた世界をじっと見つめる、そして理解する、言葉探しをする、そんな機会が大切なんだと感じます。この本に出てきた「息をする」＝「生きる」といった、単純な発見からでもいいのです。

「この世的な拘束から離れる」と書きましたが、それは宗教的な次元のことを言っているのではなく、むしろ主語のように「私」を主張して自分の理解できる範囲に世界を押し込めようとする、悲しい自我の在り方から離れることです。先ほどのヤマガミさまを、キリスト教の教義で捕らえて悪魔呼ばわりするような自我のことです。ほんとうは、自分をいったん突き放し、その神観念の出所を学び、理解し、それから山での恐ろしい体験に納得のいく言葉を見つければいいはずです。意識の力に頼り、私の中で説明づけて解決し切ってみせるという「私」が前面にいると、相手を切り分けてその姿を歪めてしまいます。しかし実際には、日本語の「私」はそんなに前面に出てくるのが得意ではありません。

こんな話はキリストについて学ぶことと関係がないように見えます。たしかに直接の関係はありません。この講座がめざすところはキリストの理解であり、ヘブライ語聖書を使って学んできました。たんなる知識や技術を得るための講座ではなく、語り合い、学びあいの場でもありました。理解するという行為は、自分のイエス観や神と自分の関わり方にまで及びます。どのように自分はキリスト教と出会い、いまどのように教会やそれ以外の人々と関わり、どうキリストを見直そうとしているのか。この問いに明解な道筋をつけてくれるのが、イエスと同時代の聖書理解をヘブライ語で知ろうとする学びです。語る私とは何ものかという問いをあげましたが、日本語で不思議なお話を語る私にとって、語られる言葉の出所を理解する試みが、神学や宗教学でした。そしてどう理解したかをこの講座で伝えています。だから冒頭で書いたように、日本語の「もの語り」について考えることは、実は私自身の問題のまとめでもあるのです。

私の場合、定型文のヘブライ語の主の祈りは、非常に明解な道筋になりつつあります。イエスはヘブライ語で祈っていたという事実や、天の国をめぐるさまざまな矛盾がいっぺんに解決することや、自分をただそこに委ねていけばいいという安心感があります。ヘブライ語は「ものを語る」言語ではなく、またイスラエルの歴史や記憶としっかり結びついた言語なのですが、そういった障壁をかんたんに乗り越えさせてくれる定型文です。現代の頭でっかちな私たちにとって、馴染みやすいマントラかもしれません。私にとっては、相手を自分と切り分けず、自分の説明の中に囲い込まないで、ただ委ねていけるような「もの語り」に似た、祈りの言葉になろうとしています。囲いこまない言葉、それを探すには、自分がどのように世界と関わってきたのかをきちんと理解するのが第一歩だと思います。

ヤマガミさまとのやりとりについて最後にひとこと。二〇〇六年の正月に、また岡山の〈わら〉に行きました。その時は曇り空で、「初日の出が拝めないなー」と思いながら、早朝の散歩に出かけました。友人といっしょに話しながら何気なく歩いていると、急に雲が晴れて、大きな光が強く差しこんできました。あまりの美しさに「わぁー、こんなにすごい太陽は生まれて初めて見た」と声をあげてしまったほどです。そして足元を見ると、両足の間に、あの切り株がしゃんとあったのです。そのときようやく、ヤマガミさまに和解して頂いたとわかりました。ああ、なんとありがたい。〈わら〉に戻る登り道は、光が文字通りまっすぐ差し込んでいて、「なるほどそういうことだったのか」とただ感謝でした。この大きな感謝を、教会教義などで閉じ込められるでしょうか。私にとって腑に落ちた言葉は、やはりヤマガミさまでした。

【追補】

「悔い改め」はどこから来たのか

イエスは四〇日の断食の後、悪魔《サタン》に試みられ、その誘惑に打ち克ち、数々の奇跡を起こしていきました。その教えの第一声は「悔い改め福音を信ぜよ」だったと記録されています。（マルコによる福音書一章十五節）

この「悔い改め」という日本語は、新約聖書ギリシア語のメタノイアの訳語です。キリスト教が入ってきたことでできた言葉です。それまでの日本語の世界にはなかった心持ちと言ってよいでしょう。

イエス自身はユダヤ人で、ヘブライ語とアラム語を使い、ギリシア語は話さなかったようです。イエスのオリジナルの言葉はおそらく「シュブー、（神に）向き直れ」だったのですが、この言葉が失われ、後にギリシア語で記録されたメタノイア（心を変えること、回心）が、キリスト教の核の言葉として流通していきました。イエスのヘブライ語のメッセージと、後世のギリシア語の記録との間には見逃せない違いがあります。今回はヘブライ語聖書に基づいてギリシア語のメタノイアのおおもとを学び、キリストのメッセージを理解したいと思います。

1◆悔い改めるという心持ち

「ほんとうに悪いことをした」という後悔の気持ちとともに、「私は生まれ変わって正しく生きよう」という転換が起きると、人はときに信じられない奇跡を起こします。数十日の断食をほんとうにやってしまったり、手かざしなどの病気なおしを起こしたり、教祖のような人格になったり。生まれ変わるという内心の大きな転換は、ある種のエクスタシー・喜びでもあります。修道士のように、身も心も社会常識の枠からずれ出して、ほんとうに生まれ変わった生き方を送ることも可能です。日本のキリスト教では、おもに修道士的な生き方はカトリックの僧に見られます。ただ、普通の人は出家までは行かず、生まれ変わったという内心の喜びとともに生活し、「お金や世間のしがらみから私は自由だ」という信仰の世界に生きることが可能です。在俗神父になる人は、この一例でしょう。またプロテスタントの場合は、万人司祭という考え方が基本にあるので、出家せずに内心の転換の喜びとともに、俗の生活を送る傾向が顕著です。

私の場合、日本キリスト教団という緩やかな雰囲気のプロテスタント教会で生まれ育ちました。強烈な悔い改めとか、「私はダメな人間です」といった告白の感覚を持たずにやっていける教会です。転換点は二十二歳のときでした。アメリカから来た「チャーチ・オブ・クライスト、キリストの教会」と名乗る団体の人々と活動し、そこで激しい悔い改めの体験をしました。みんなでひとりの人を囲い、「君は罪の中に生まれたのだ」「今こそ、悔い改めのチャンスだ」と追い詰めあうのです。その雰囲気の中で私は大泣きして、自分は生まれ変わろうという告白にいたったのでした。その体験が自分に与えられたことは、いまでも感謝しています。

しかしいつしか、チャーチ・オブ・クライストの宣教師のジョナサンという人が、日本キリスト教団での私の洗礼は無効だと言い出しました。やがて激しい内心の葛藤に導かれたことを、いまでも覚えています。

イエス・キリストは「親兄弟を捨てて私についてきなさい」と教えました。私が育った教会を捨てて、本当の信仰に生きるべきかどうか、という選択に迫られて迷ったわけです。左の図は、十八年前にジョナサンが、私のために書いてくれたメモです。人が左側、神が右側、その間に罪があり、人間は死にいたる罪深い生き物だということです。その闇から人間を救い出すために、神は尊いひとり子イエスを私のために犠牲にし、いまや私たちは恵みによって悔い改め、永遠の命を得る、という教えです。たしかに聖書には、そう書いてあります。

「人間は罪深く、神からの救いを必要としている」この教えは、人間の心の闇に深く

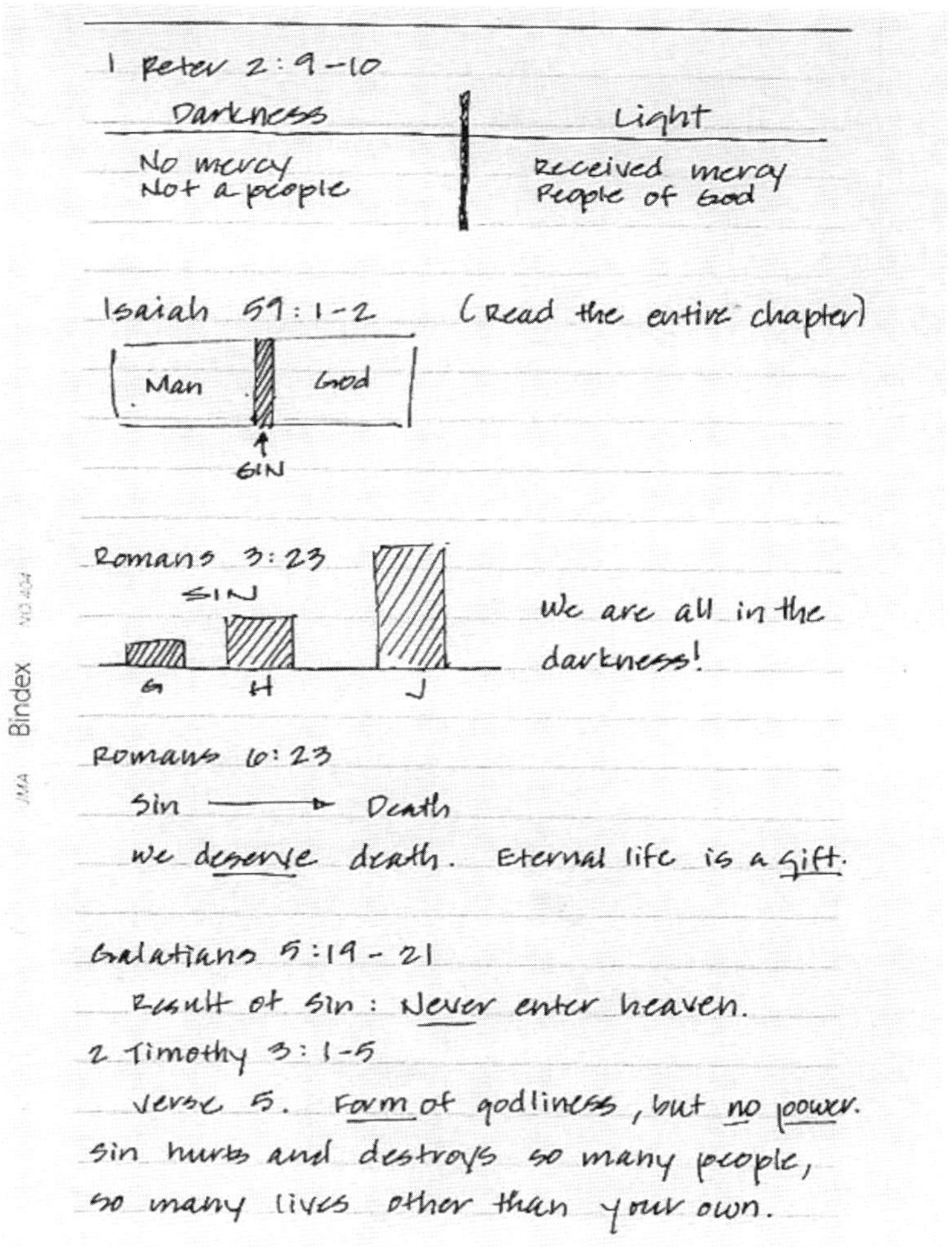
1 Peter 2:9-10

Darkness	Light
No mercy	Received mercy
Not a people	People of God

Isaiah 59:1-2 (Read the entire chapter)

Romans 3:23

We are all in the darkness!

Romans 6:23

Sin ——▸ Death

we deserve death. Eternal life is a gift.

Galatians 5:19-21

Result of sin: Never enter heaven.

2 Timothy 3:1-5

Verse 5. Form of godliness, but no power.

Sin hurts and destroys so many people, so many lives other than your own.

ジョナサンによる、罪の説明

突き刺さります。「もし本当に今の自分から脱却できるなら、救い出してほしい」という心理に応えてくれます。しかしそんな個人の渇望のために、親を捨て、財産を差し出し、生まれ変わりの体験を押し付けてくることが、はたしてイエスの本当のメッセージだったのでしょうか。誰かを心理的に追い詰めて、「私がまちがっていました」と告白させて、「よかったね、あなたも罪びとだと神様から教えていただきました。洗礼を受けましょう」と誘導する行為は、むしろイエスの言葉を用いた犯罪ではないでしょうか。

いまになって思えば、チャーチ・オブ・クライストは極端な宗派で、大きな問題をあちこちで起こしていたものです。いまでもオウム真理教やありがとう村など、社会問題を起こしたままの団体はあります。信者の中には、教祖や幹部の反社会的な活動や不正・非道に目覚めても、いまだ教祖の教えや生まれ変わったという大きな喜びの中に生きていて、その矛盾に引き裂かれている人たちがいます。いったいどこが違っていて、イエスの教えは本当はどうだったのか、それを自分で確かめなければ自分がダメになってしまう、そういう動機がキリストの理解へと私を向かわせたのだと思います。

今回はヘブライ語から説き起こして、キリスト教でいう「悔い改め」のおおもとから理解していきたいと思います。前提として、悔い改めには「悔いる私」がいます。そして改める＝「生まれ変わる私」がいます。ワンセットで悔い改めです。その背後には、ジョナサンがくれた図の「人と神の間の断絶」という世界観があります。

すなわち「人間はみな等しく罪の中に生まれた。神の恵みによって悔い改め、神に立ち返り、洗礼を受けて生まれ変われば救われる」という世界です。

ヘブライ語聖書の原文から、イエスのメッセージを捉《とら》えなおしてみる試みが、この講座「キリストの理解」です。私の見聞きしてきた範囲から思うことですが、人間はみな生まれながらに罪の中にいるのではなく、生まれながらに清いのではないでしょうか。少なくとも息子や娘の出産のときには、そう確信しました。創世記でも、神は世界を創って「良し」とされました。世界も人間も、生まれながらに良いものだと私は思います。

まずはイエスのメッセージの「悔い改め」にあたるヘブライ語を旧約聖書に探し求めてみましょう。ヘブライ語聖書を逐一見ていくのは、この講座では無理なので、もっとも重要な1箇所にしぼって考察します。

2◆エゼキエル書十八章三十―三二節

心からの悔い改め、それも個人の内心の問題に踏み込んだ内容は、ヘブライ語聖書では厳密にはエゼキエル書十八章の一箇所しかありません。以下、原文に忠実に訳してみます。

ヘブライ語◆エゼキエル書十八章三十―三二節

それゆえ各人の行き道に応じて私がおまえたちを裁く、イスラエルの家よ、とわが主ヤハウェは言われる。向き直り向き直れ、おまえたちの全ての背きから。そうすればおまえたちに罪のつまづきは無くなるだろう。全てのおまえたちの背きを自分の上から投げ出せ。それはおまえたちが犯した背きである。自分に求めよ、新しい心と新しい霊とを。なぜ死ぬことがあろうか、イスラエルの家よ。私は誰の死をも喜ばない、と主ヤハウェは言われる。おまえたちは神に向き直り、生きよ。

לָכֵן אִישׁ כִּדְרָכָיו אֶשְׁפֹּט אֶתְכֶם בֵּית יִשְׂרָאֵל נְאֻם אֲדֹנָי יֱהוִה (ここから) שׁוּבוּ
וְהָשִׁיבוּ מִכָּל־פִּשְׁעֵיכֶם וְלֹא־יִהְיֶה לָכֶם לְמִכְשׁוֹל עָוֹן׃ הַשְׁלִיכוּ
מֵעֲלֵיכֶם אֶת־כָּל־פִּשְׁעֵיכֶם אֲשֶׁר פְּשַׁעְתֶּם בָּם וַעֲשׂוּ לָכֶם לֵב חָדָשׁ וְרוּחַ חֲדָשָׁה וְלָמָּה תָמֻתוּ
בֵּית יִשְׂרָאֵל׃ כִּי לֹא אֶחְפֹּץ בְּמוֹת הַמֵּת נְאֻם אֲדֹנָי יֱהוִה וְהָשִׁיבוּ וִחְיוּ׃

「向き直れ」は、合計3回出てきました。人間の犯した背きから、神に向き直れという預言です。ヘブライ語は繰り返しを好む言語で、「歩きに歩いた」とか、「向き直り向き直れ」という表現をします。日本語でも「どんぶらこ、どんぶらこ」といった表現があちこちに見られます。「向き直り向き直れ」という繰り返しによって、意味を強めているのです。

この「向き直れ（シューブー）」は、ほかの預言のエレミヤ書にも書かれていて、おそらくイエス時代にも使われていた言葉です。エゼキエル書のこの言葉には、「人間が生まれつき罪を背負っている」とか、「アダムから罪が入ったから人間は全て罪深い」といった考え方はありません。とてもシンプルに、体の向きを直すという意味が中心です。「原罪から救われるために神に向き直れ」などとは全く言ってないことに注意してください。つまり「人間は生まれながらに罪の中にある」という考えはありません。

　エゼキエル書十八章で問題になっているのは、イスラエルが犯した背きの内容と、そのひとりひとりの決断、そして個々の魂の行き先です。とくに問題とされている「おまえたちの背き、פִּשְׁעֵיכֶם、ピシュエヘム」とは、他の神々と姦淫をし、神の掟に従わなかったことです。その状態からひとりひとりが立ち直り、悪事から離れて、魂の死から逃れることをエゼキエル[41]は勧めているのです。[42]

41…エゼキエルという名は、ヘブライ語で「神が強くする」という意味です。発音はヤハゼクエルで、最後のエルがエロヒームと同じく神という意味です。紀元前597年に、ユダ王国の王ヨヤキンと共にバビロンへ連れ去られ、現地で預言者となりました。彼以前のイザヤ、エレミヤといった預言者は、ユダヤ人の王国内で活動していましたが、彼は王国滅亡をつぶさに見て体験しました。捕虜としての生活の中で、神の掟の大事さやひとりひとりの魂の問題に関わる預言を行っていました。

　キリスト教の解説書の多くは、エゼキエル書を個人の内面や罪深さに関わる預言書として位置づけますが、ヘブライ語で丁寧に読むと決してそうではないことがわかります。誤訳に基づいた解釈や、人間は罪深いという先入観に基づいた誤訳がかぶさっているので、注意が必要です。

42…エゼキエル書の「魂の救い」というのは、古代エジプトの影響を強く受けています。人は死んだら、冥界で魂の重さを量られ、生きていたときの行いによって裁かれるという死生観の反映です。現代人の感覚でいう魂とか救いとは全く違うので、注意が必要です。内心の罪や、神からの断絶といった感覚はありません。エゼキエルの預言にあったのは、人間の属性としての罪といったことではなく、また民族全体の行いでもなく、イスラエルの各人が何をしたのか、その行いは神の掟に照らして背きではないか、そういう基準です。たとえば神の名によって行われた戦争で殺戮をした者は、彼らの基準では正しく、今日的な意味での戦争での兵隊の負い目やフラッシュバックといったトラウマとは異なる世界に生きたと思われます。

しかし今日私たちが使っている日本語の聖書（新共同訳）は、以下のようにエゼキエル書十八章を意訳しています。

エゼキエル書十八章より

それゆえ、イスラエルの家よ。わたしはお前たちひとりひとりをその道に従って裁く、と主なる神は言われる。悔い改めて、お前たちのすべての背きから立ち帰れ。罪がお前たちをつまずかせないようにせよ。お前たちが犯したあらゆる背きを投げ捨てて、新しい心と新しい霊を造り出せ。イスラエルの家よ、どうしてお前たちは死んでよいだろうか。わたしはだれの死をも喜ばない。お前たちは立ち帰って、生きよ」と主なる神は言われる。

ヘブライ語の感覚を失わないように訳した文と、この新共同訳には、以下の大きな違いがあります。

◆ヘブライ語は「向き直り向き直れ」と言っているのに対し、新共同訳は意訳して「悔い改めて……立ち帰れ」としています。ここにキリスト教のギリシア語の感覚が強く投影されています。ギリシア語の記録では、イエスは「メタノエオー、心を変えよ（回心せよ）」と言ったことになっています。そこでは神からの背きは、純粋に内心の問題とされます。だからギリシア語で記録されたイエスの教えは、ひとりひとりの罪の自覚と、神からの一方的な恵み、すなわち贖罪の小羊イエスによって全ての人が罪の状態から救われたという論理になるのです。この論理からエゼキエル書十八章を翻訳しなおすと、上記のように「悔い改めて……立ち帰れ」という表現になります。しかしヘブライ語では「向き直り向き直れ」というシンプルな強調です。そして人間の背きピシュエヘムは、神の掟に従わなかった行いのことであって、決して原罪とか汚れた肉体といったことではありません。

◆エゼキエル書十八章は、言い切りの強い口調です。ヘブライ語は基本的にあいまいな表現を嫌います。エゼキエルの預言は「自分に求めよ、新しい心と新しい霊とを」と迫ってきます。また「おまえたちは神に向き直り、生きよ」という命令で預言のひとつが終わります。この言い切りの口調が、イエスの生きた世界です。翻訳で「～と主は言われる」という文章で終わるか、「生きよ」で終わるか、この感覚に大きな違いがあります。

◆新共同訳の「主なる神」という表現は、ヘブライ語に書かれてはいません。正しくは「אֲדֹנָי יְהוִה アドナイ、ヤハウェ」と書いてあって、その意味は「わが主、ヤハウェ」です。

しかし十戒によって神の名を言ってはならないので、ヤハウェのかわりにアドナイと読み、「アドナイ、アドナイ」となります。習慣として、これを「主なる神」と訳しますが、原語ではそうは書いてないことに注意してください。「主なる神」という訳し方がヘブライ語聖書の読みとして正しいかどうかは、キリスト教各派の伝統が決めるとしかいいようがありません。

エゼキエル書の「背き」や「（神に）向き直る」という世界が、内面的な罪や人間の性質としての罪とつながってくるのは、ギリシア語世界の影響によります。紀元前三世紀にヘブライ語聖書がギリシア語に翻訳され、そのときに人間の根源的な罪だとか、神の前に等しい人間の罪といった観念が、単数形で登場します。◆43

43…日本語には単数・複数の違いがないのでわかりにくいのですが、さまざまな罪というときと、あの罪というのでは、意味づけが異なります。ものを盗まない、人を殺さない、うそをつかないといった個々のことがらと、人間そのものの罪という違いです。単数で「罪」というとき、人間そのものの罪深さという観念と結びついてきます。

つまりヘブライ語の世界ではもろもろの律法違反といった複数形の罪だったものに、翻訳によってひとつの根源的な罪という観念が入っていったのです。この聖書は七十人訳聖書（セプタギンタ）と呼ばれ、後の時代に新約聖書の記者たちの基本となりました。

この歴史はとても複雑なので、関心のある方は神学辞典の「罪」の項を読まれることをお勧めします。たとえば、『キッテル新約聖書神学辞典』（教文館）などです。

今日の学びでひとつだけ覚えておいてほしいのは、エゼキエル書の意訳「悔い改めて……立ち帰れ」の原文が「向き直り向き直れ」だったという事実です。なぜこういう意訳になったのか、そして冒頭の私とチャーチ・オブ・クライストの関係がこの意訳とどう関わってくるのか、ということです。

3◆ギリシア語のハマルティアとメタノイアの世界

今日の日本語の新約聖書の中で、「罪」と訳されている言葉の元は、ギリシア語のハマルティアαμαρτιαです。イエスと同時代のギリシア語では、「的外れ」といった意味です。この言葉じたいには、人間の性質としての罪深さといった意味は全くありませんでした。上記の七十人訳聖書で、ハマルティアが人間の根源的な罪をあらわす言葉になり、イエスの言葉の記録に使われました。

また悔い改めは名詞ではメタノイアμετανοιαです。こちらは「心を変える、回心する、考えを出る」といった感覚で、悔いるとか罪深さとは関係の薄い言葉でした。イエスの語録をギリシア語で翻訳し、パウロが自分の解釈を書きとどめたことから、新しい意味づけがなされていきました。つまり先のジョナサンの図にあった、罪深い人間と悔い改めの話です。現在の日本語の新約聖書は、こうした言葉の歴史の上にできています。問題なのは、イエスはギリシア語を話していなかったこと、つまりハマルティアやメタノイアといった言葉とは異なるヘブライ語の世界を生きていたということです。ヘブライ語で罪にあたる言葉は、ペシャやアヴォン、ヘットです。罪といっても現代の犯罪や心理的な罪悪感とは異なります。因果応報のように、罪を犯したから病気になったといった感覚があります。マタイによる福音書9章では、イエスが「あなたの罪は許される」と言って、中風で寝たきりだった人を治しました。この「罪が許される」＝「病が治る」という感覚です。日本でも、ツミという語には白子で生まれることや、田んぼのあぜ道を壊すこと、獣姦、種まきの後に種を重ねて蒔くことといった感覚がありました。◆44

聖書中の罪の観念の変遷はとても複雑なので、詳しい説明は上記の神学辞典などにあたっていただきたいと思います。

今日の講座で大事なのは、細かい罪観念の分析ではなくて、私たちが生きている世界と、イエスのメッセージとの関わりです。この世界や人間は、生まれながらに良きものだと私は確信しています。それは善悪とは離れたところで、絶妙の調和が保たれている

44…延喜式巻第八、六月晦大祓（みなつきこもりおおはらえ）の天津罪・国津罪から

からです。テルミーで病気治しをしているせいか、病が治っていく過程には、善悪といった人間意識の浅いところではなく、人間を離れた調和の妙に驚かされます。この意味で世界や人間は生まれながらに良きもの（調和）だということです。イエスのメッセージは、この調和の中に断絶や原罪を持ち込むことなどではなかったと思うのです。「あなたは神から断絶した罪びとだ」とか、「悔い改めて洗礼を受けなさい」という態度は、とても浅い意識の世界で、自分でなんとかしようという心持ちの表れではないでしょうか。

エゼキエル書十八章の預言は、「悔い改めて立ち返れ」ではなく、「向き直り向き直れ」でした。ヘブライ語のシューブー　ヴェハシーブーです。ここにポイントがあるようです。イエスが生きていた世界は、「罪深い人間のための救い主」といった意識の世界の偶像ではなく、神から背いたままの人間（ヘブライ語のピシュエヘム）、良き世界に生まれたのに自分を神から隠しているアダム、戻り方がわからなくなった羊、こういった弱い人間を救い、「あなたの罪は許される」と言って中風を治した奇跡の人だったのだと、私は思います。

著者あとがき

この本は、福岡のラウムという多目的スペースで行われた連続講座「キリストの理解」をもとに、書き改めたものです。福岡のラウムでは、主にシュタイナー教育関係の勉強会、造形教室などが行われています。

講座「キリストの理解」では、いつも講座のめあてを繰り返し読んできました。

〝ヘブライ語聖書を使ってキリストの理解のよすがとします。参加する方々ひとりひとりの霊性に、新しい理解が与えられると幸いです〟

イエスはヘブライ語聖書の世界に生き、病気治しの奇跡を起こし、神に立ち返る事を宣《の》べ伝えて行きました。その奇跡の力は、いまも強く現れています。イエスの生き方をほんとうに知るには、ヘブライ語聖書が必要です。イエスのメッセージの中には、二千年のあいだに多くの誤訳・誤解や後の時代の解釈が入り込んでいます。例えば「悔い改め」という言葉は、誤訳・誤解・解釈によって大きく変節してきました。ヘブライ語聖書から学ぶことによって、自分が抱いてきたイエス・キリスト像からいったん離れ、また新たな理解とともに歩むことができます。

ラウムでのさまざまな勉強会は、たんなる知識の習得にはおさまりません。よろこび・創造・分かち合い・セラピーといった作業が、どこかに含まれています。講座「キリストの理解」も、そんな勉強会のひとつです。毎回、参加する方々ひとりずつの自己紹介から始まり、終わるときには何かひとつでも新しい理解・気づきが与えられるような集まりです。カバー絵と扉絵を描いて下さった、ラウムの主宰者である豊田康子さん、福岡シュタイナー教室の井手芳弘さん、講座「キリストの理解」に参加してくださったみなさん、そしてこの本をこれから読まれる方へ、こうしてまた新たなキリストの理解を共に持てたこと、ありがとうございます。

山口勇人

ラウムについて

シュタイナー教育のお店「ペロル」に併設している多目的空間です。シュタイナー関係の学習会やライアー、オイリュトミーの練習、子どもたちの土曜教室などに使われています。井手芳弘さんが講師を務める「らせん教室」も、ラウムで行なわれています。私は障がい児のための造形教室「プリズム」を主宰していますが、ラウムはそのアトリエでもあります。山口勇人さんの講座「キリストの理解」はラウム企画として始めて、すでに三年が経過しました。地味ながら熱心な参加者が集う温かい会となっています。

豊田康子（ラウムの管理と運営をしています）
〒814-0031
福岡市早良区南庄6-21-25-1F-A（ペロル奥）
http//www.raum-rsteiner.com/default.aspx/

著者紹介

山口勇人（やまぐち　はやと）

1966年東京生まれ。3児の父。
東京ミニライト（株）を経営。
温熱刺激療法イトオテルミー療術師。
東京大学卒、専攻は宗教学。
米国、アンドーヴァー・ニュートン神学校修了。
イスラエル政府奨学生、ヘブライ大学。
九州大学人間環境学府博士後期単位取得退学。

キリストの理解
ヘブライ語聖書から読み解く

2008年7月10日　初版第1刷発行

著者	山口勇人
発行者	澁澤カタリナ浩子
発行所	株式会社　イザラ書房
	住所　〒369-0305
	埼玉県上里町神保原569番地
	TEL　0495-33-9216
	FAX　0495-33-9226
	HP　http://www. izara. co. jp
	郵便振替　00100-8-148025

ブックデザイン　沢辺均・和田悠里（スタジオ・ポット）
印刷・製本　株式会社シナノ

ISBN 978-4-7565-0110-3 C0016